✔ 이 안경은 일견단어를
공부하는 것을 의미해요.

JN360043

Printed in The Republic Of Korea.

머리말

안녕하세요? '도란도란북스' 대표 조국입니다.

본 교재는 미국 현지 초등학교에서 수십 년간 정규 영어 교과서로 사용하고 있는 파닉스 교재 'Sound City Reading'의 저작권을 받아 한국인에 맞추어 제작한 책입니다.

'Sound City Reading' 저자는 Kathryn J. Davis는 미국 사립초등학교 영어교사로 재직하면서 처음 영어를 배우는 미국 어린이들에게 영어교육의 가장 기초가 되는 파닉스의 중요성을 일깨워 주고, 어린이들이 누구나 파닉스의 전 과정을 알기 쉽고 체계적으로 배우고 익힐 수 있는 수십 권의 파닉스의 구성 및 교재를 직접 집필하시고 평생 파닉스를 위해 살아오신 분입니다.
현재는 은퇴하셨으나, 고령의 나이에도 불구하고 오직 미국 영어 파닉스의 학습이라면 지금도 열정을 다하여 가르치고 계시는 참 존경스러운 분입니다.

저자는 어려서부터 외국에서 영어권 kindergarten에 다니면서 친구들과 놀면서 쉽게 영어를 접하였는데, 초등학교와 중학교 때 잠시 한국으로 귀국하였으나, 또다시 외국에서 미국 High School을 졸업하는 등 한국식 파닉스와 미국식 파닉스의 혼란 속에 영어를 배웠습니다. 그러다가 미국 뉴욕주립대학에 입학하여 고급과정 영어를 학습하면서 파닉스의 중요성을 더 체험하게 되었고 다시 한국에 와서 초중고학생들의 영어를 지도한 지 18년이 되었습니다.

학생들에게 영어를 가르치면서 언제나 발음에 대한 부분을 정확하게 교정할 수 없다는 부분이 늘 안타까웠는데, 우연한 기회에 'Sound City Reading'을 접하게 되면서부터 영어교재 그대로 학생들을 가르치게 되었습니다. 어느덧 7년 동안 이 교재를 통해 파닉스를 공부한 학생들이 발음에 자부심을 갖게 되자, 영어에 흥미를 느끼고 실력이 날이 갈수록 향상되었으며, 결과적으로 원어민과 같은 발음을 구사하게 되어 'Sound City Reading' 교재를 더욱 신뢰하게 되었습니다.

지금도 우리나라에서 전 국민들이 어려서부터 영어를 배우고 있지만, 외국인을 만나면 깊이 있는 교제를 두려워하는 이유는 파닉스에 대한 자신감이 결여되어 스스로 기피하는 것입니다. 그 이유는 우리의 영어교육의 파닉스 과정은 일 년 남짓으로 콘텐츠가 끝나고 일본어식 발음기호를 보고 학습하기 때문이며, 미국식 파닉스의 스텐다드라고 할 수 있는 책은 정말 찾기 어려웠습니다.

영어를 처음 배우는 사람에게는 파닉스 기초가 매우 중요하다고 생각은 하고 있으나, 무엇이 얼마만큼 중요하고 얼마 동안 배워야 하는지 모르는 경우가 많습니다. 지금도 서점에는 넘쳐나는 파닉스 교재들로 가득하지만, 섣불리 어떤 교재를 선택할지 고민하는 것은 지금의 성인들인 학부모님들 자신이 파닉스다운 파닉스 교육을 받지 못했기 때문이 아닐까요?

이러한 고민을 하시는 모든 학부모님들께 저희 '도란도란북스'를 소개합니다. 현재 도란도란북스는 미국 'Sound City Reading' 파닉스 교재의 저작권을 허락받아 그중 우리 한국인 구강구조에 맞춘 가장 중요하게 생각되는 파닉스 교재를 제작하여 출판하게 된 것입니다. 이 파닉스 교재로 학습하면 영어 발음, 어휘, 독해, 그리고 단어, 문장의 암기력까지 영어의 튼튼한 기초를 다질 수 있을 것을 확신하며 자신있게 권해 드립니다.

'도란도란북스' 대표 조국 드림

"Conquer the Language, Conquer The World"

저자프로필

- 18년 차 영어교육 중
- Kindergarten·Elementary (호주)/Junior·High (이스라엘), 뉴욕주립대 졸업
- 현 고려대학교대학원 아동언어코칭학과 석사 과정 중
- 파닉스 교육관련 문의는 support@dorandoranbooks.com

목 차

Color-Coding Chart(색깔로 도표된 소리차트)

a 아	ant	bright red
ā 애이	rain, play, safe, carrot	dark red
ä 왏	Paul, saw, ball, salt, talk, wasp, swan quarrel, squash, bought	pink
e 에	egg, head, heron	light green
ē 이(긴)	he, feet, weird, key, eat, these, happy	dark green
ë 에이	veil, they, steak, eight, ballet	dark red
i 이	in, gymnastics	light violet
ī 아이	pie, pine, night, find, wild, my	dark violet
ï 이	shield, pizza	dark green
o 앟	ox, car, sorry, father	light orange
ō 오우	go, horse, boat, toe, home, snow, four, gold, bolt, troll, yolk	dark orange
ö 우	to, moon, soup	dark blue
u 엏	up, what, across, panda, son, love, country	light blue
ū 우으	fruit, cue, cube, few, Europe	dark blue
ü 웋	bush, book, should	olive green
oi 옿이	coin, boy	gold
ou 앟우	ouch, cow	brown
ir 얼	bird, her, turtle, dollar, tractor, early, journal	gray
wor 월	worm	gray

음절 인식 능력 ShV 1 선생님은 영어로 그림의 이름을 알려줍니다. 그림을 보고 학생은 읽음과 동시에 박수를 쳐 줍니다. 그리고 박수를 칠 때 마다 다시 한번 몇 개의 음절이 있는지 확인하고 다시 박수를 쳐 줍니다. 만약 학생이 읽는 것을 어려워하면, 각 음절에서 잠시 쉴 수 있도록 도와줍니다.

1.

2.

3.

4.

5.

6.

7.

8.

선생님이 그림의 각 단어를 읽어 줍니다. 하나씩 천천히...: in, ba-by, waf-fle, up, ac-ro-bats, hip-po-pot-a-mus, tad-pole, mo-tor-cy-cle. 각 단어의 음절이 나눠져 있습니다. 학생들은 단어를 읽지 않고, 단어의 읽는 소리를 듣고 입으로 소리 모양만 만들어 봅니다.

음절 인식 능력 ShV 2 선생님은 영어로 그림의 이름을 알려줍니다. 그림을 보고 학생은 읽음과 동시에 박수를 쳐 줍니다. 그리고 박수를 칠 때 마다 다시 한번 몇 개의 음절이 있는지 확인하고 다시 박수를 쳐 줍니다. 만약 학생이 읽는 것을 어려워하면, 각 음절에서 잠시 쉴 수 있도록 도와줍니다.

1.

2.

3.

4.

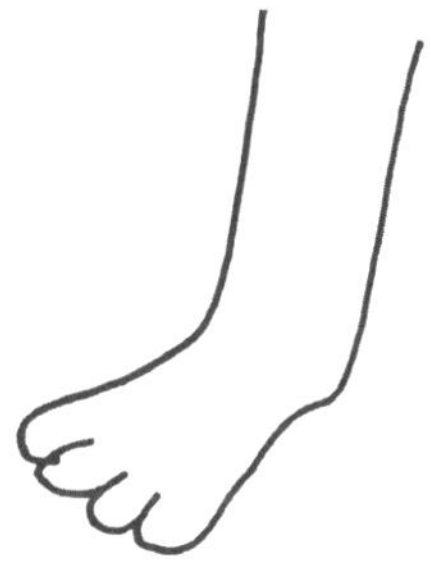

5.

Hello.
How are you today?

6.

7.

8.

선생님이 그림의 각 단어를 읽어 줍니다. 하나씩 천천히...: ban-jo, eat, u-ni-form, paw, type-wri-ter, u-ni-ver-si-ty, rhi-noc-er-os, clo-ver 각 단어의 음절이 나눠져 있습니다. 학생들은 단어를 읽지 않고, 단어의 읽는 소리를 듣고 입으로 소리 모양만 만들어 봅니다.

A Sound Story

About Audrey and Brad

The sound story introduces pictures that represent all of the speech sounds in the English language. The capital and lower case letters beside each picture represent the same sound in words. The pictures are used on the sound charts in this program to help students remember the sound for each letter or letter pattern.

Part 1 One Saturday morning, Audrey and Brad sat in the den, watching the pendulum swing back and forth on the clock on the wall, "t, t, t, t." They were bored.		T t
"Hey, Mom," said Brad. "Can we walk down to the park?" "Yes," said Mom. "But we must be back in time for your violin lessons." Soon Audrey and Brad were swinging as high as they could at the park. They could hear the loud sound of the chains screeching as they went back and forth, "i, i, i, i." (i/in)		I i
Then they jumped down and ran around the park playing chase. Before long, they were out of breath. Brad could hear himself breathing hard, "h, h, h, h."		H h
They all walked home and Mom drove them to their violin lessons. Mrs. Russ was pleased to see them. "Did you practice every day?" she said. "I did," said Audrey quickly. Brad replied that he had practiced, too. (i/island)		Ī ī
Soon they were playing music. Each violin made a beautiful sound as they pulled their bows across the strings. The sound was "l, l, l, l, l."		L l

학생이 싸운드 스토리에 익숙치가 않다면, 반복적으로 계속 읽어주세요.

Just as they arrived home from their music lesson, they heard the "n, n, n" sound of the engine on a big delivery truck. It pulled into their driveway and the delivery man handed Mom a package. Audrey and Brad were pleased to see that new books had arrived from their book club.		N n
As they went into the house, they could see dark clouds gathering overhead. Soon, lightning was flashing and rain was pouring down. The wind blew hard enough to make the branches on the trees sway back and forth. Audrey and Brad could hear the sound of the wind forcing it's way into the house around the front door, "wwwwww."		W w
"Well," said Mom. "The weather is so bad, this is the perfect time to go over your math facts." It was Brad's turn to go first. "Uuuuhhh," was all he could say as he looked at the flashcards. He had not been practicing his math facts. When Audrey had her turn, she got every one right. (u/up)		U u
They ate lunch and then Audrey and Brad and Dad got into the car to go to basketball practice. The wind had stopped blowing, but it was still drizzling. At the gym, all the kids on the team warmed up by dribbling a basketball. "B, b, b, b," was the sound of the balls bouncing on the hardwood floor. Then they practiced passing and shooting.		B b
After basketball practice they went home. Soon, Mom called Audrey and Brad to dinner. "Mmmmmm," they said when they saw their plates. They were having scrambled eggs, ham, and muffins. It looked delicious.		M m
Just as they sat down to eat, they heard a loud "Rrrrrr" coming from the back yard. They ran to look out the back door. Chewie had cornered a neighborhood cat in the yard. She was growling at the cat.		R r

각 글과 그림의 소리를 연습해보세요. 그런 후 글과 그림에 손가락으로 지목하여 큰 소리로 읽어요.

어 사운드 스토리

어쥬뤼와 브랠에 관한 이야기

영어에서 소리로 만들어진 단어를 이야기로 만들어 소개하는 내용입니다. 대문자와 소문자로 만들어진 알파벳은 같은 소리인 것을 의미합니다. 그림은 소리와 연관된 단어로 만들어졌으며, 학생의 이해를 돕기 위해 그림과 글자를 비슷한 소리로 인지할 수 있도록 만들었습니다.

파알트 - 원 원 새럴대이 모오닝, 어쥬리 앤 브랠 샛 인 더 덴, 웕칭 더 펜들룸 스윙 백 엔 f어얾둥 온 더 클럭 온 더 월 트, 트, 트, 트, 데이 워 보어얿드.		T t 트
"헤이, 맘," 샌드 브랠. "캔 위 웕 다운 투 더 팔알쿻?" "예스," 쎈 맘. "밭 위 머스트 비 백 인 타임 f어얿 요어얿 v이올린 레쓴스." 쑨 어쥬리 엔 브랠 워 스윙잉 애스 하이 애스 데이 쿧 앳 더 팔알크. 데이 쿧 히얼 더 롸우드 사운드 어f 더 체인스 스크뤼칭 에스 데이 웬트 백 엔 f어얿둥, "이,이,이,이." (i/in)		I i 이
덴 데이 저엄드 다운 앤 랜 어롸운드 더 파알크 플래잉 채이스. 비f어얿 렁, 데이 워 아웃 어f 브뤠둥. 브랠 쿧 히얼 힘세엘f 브뤼이딩 하알드, "헣, 헣, 헣, 헣."		H h 헣
데이 얼 웕 홈 앤 맘 쥬로우v읃 뎀 투우 데얼 v아이올린 레쓴스. 미쎄스, 뤼스 워스 플리이슫 투 씨이 뎀. "딛 유 프롹티이슫 에브뤼 데이?" 쉬 셀. "아이 딛," 샌드 어쥬리 퀴익클리. 브랠 뤼플라이드 댓 히해드 프롹티이슫, 투우. (i/island)		Ī ī 아이
쑨 데이 워 플레잉 뮤직. 잇치 v아이올린 매이드 어 뷰우뤼이f우울 싸운드 애스 데이 푸울드 데얼 보우스 어크뤄스 더 스트뤼잉스. 더 싸운드 워스 "을, 을, 을, 을."		L l 을

싸운드 스토리의 내용을 한글로 연습할 수 있도록 만들었어요.

져스트 애스 데이 얼롸이븐 홈 f으로옴 데얼 뮤짘 렛쓴, 데이 허얼드 디 "은, 은, 은" 싸운드 어f 더 엔진 온 어 빅 딜리버뤼 츄럭. 잍 푸울드 인투 데얼 쥬라이브웨이 앤드 더 딜리v어뤼 맨 핸드 맘 어 팩캐쥐. 어쥬리 앤 브랜드 월 플리이슫 투 씨 댓 뉴 붘스 해드 얼롸이v드 f으로옴 데얼 붘 클럽.		N n 은
애스 데이 웬트 인투 더 하우스, 데이 쿧 씨 다알크 클라욷스 개둬링 어우v얼헤드. 쑨, 라잇닝 워스 f을레쉥 앤드 래인 워스 포오륑 다운. 더 윈드 블루 하알드 인눠흐 투 매잌크 더 부랜치이스 온 더 추뤼이스 스왜이 백 앤 f어얾둥. 어쥬리 앤 브랜 쿧 히얼 더 싸운드 어f 더 윈드 f어얾싱 잍스 왜이 인투 더 하우스 어롸운드 더 f으런트 도어얾 웋으, 웋으, 웋으, 웋으."		W w 웋으
"웰, 셀 맘." 더 웨애덜 이스 쏘 배앧드, 디스 이스 더 퍼얼f엑트 타임 투 고우 오올v얼 욜 매엘둥 f앨스." 잍 워스 브랜스 터어언 투 고 f얼스트. "엉엉엉, 워스 얼 히 쿧 쌔이 애스 히 뤀드 앳 더 f을래쉬카알스. 히 해드 넛 빈 프랔티이싱 히스 매엘둥 f앨스. 웬 어쥬뤼 해드 헐 터어언, 쉬 것 에v으뤼 원 롸잍. (u/up)		U u 엉
데이 애잇 뤈치 앤드 덴 어쥬뤼 앤 브랜 앤 대애드 것 인투 더 카알 투 고 투 바아스켙 프랔티스. 더 윈드 핻 스톱 블로윙, 벗 잍 워스 스틸 쥬뤼즐링. 앳 더 쥠, 얼 더 키읻스 온 더 팀 워얾드 업 바이 쥬뤼블링 어 바아스켙볼. "브, 브, 브, 브," 워스 더 사운드 오f 더 보올스 바운싱 온 더 하알드욷드 f을뤄 덴 데이 프랔티이스은 패에싱 앤 슈륑.		B b 브
아f으털 바아스켙볼 프랔티이스 데이 웬트 홈. 쑨, 맘 코올드 어쥬뤼 앤 브랜 투 디이너얼. "음음음," 데이 쌘 웬 데이 써어 데얼 프을레잍스. 데이 월 헤애v잉 스크램블드 엤스, 햄, 앤 머어ff인스. 잍 뤀드 딜뤼셔어스.		M m 음
저스트 애스 데이 샡 다운 투 잍, 데이 허얼드 어 롸우드 "얾얾 얾" 커밍 f으로옴 더 백 야알드 . 데이 랜 투 뤀 아웃 더 백 도올. 츠위 해드 코오너얼드 어 네이버얼훋 캘 인 더 야알드. 쉬 워스 그롸울링 앳 더 캘.		R r 얾

만약 영어로 읽기 힘들다면 한글로 발음 연습을 해봐요.

The cat had no intention of putting up with Chewie. She reached out and scratched Chewie right on the nose, "fffff." Chewie cried out in pain as the cat quickly jumped over the fence and ran away.		F f
"Poor, Chewie!" said Brad. "She'll know to leave cats alone, next time." He reached into the refrigerator and pulled out a soft drink. "Kssss," was the sound of the air rushing out as he pulled the tab off the can.	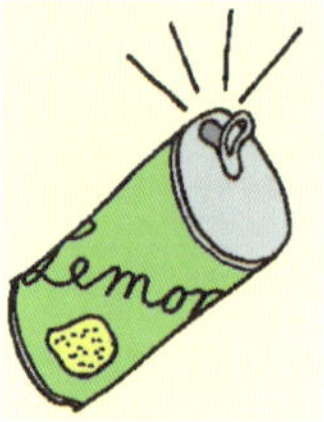	X x
After dinner, the whole family watched a movie together. It was pretty good. One character was a man who couldn't hear very well. He kept saying "Ehh?" whenever someone spoke to him. He couldn't understand a word they were saying. "That man should get hearing aides," said Mom. "He could hear much better with them." (e/egg)		E e
The following Monday morning, Audrey and Brad took the bus to school. As Audrey slipped into her desk, she saw that a classmate had brought a snake to school in a cage. They talked about the snake during science class. It slithered around in its cage, flicking its tongue in and out with a soft "sssss" sound.	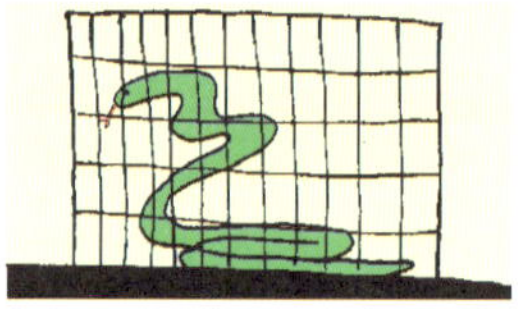	S s
Audrey worked hard all morning. After lunch, her class went outside for recess. She enjoyed jumping rope with her friends. The rope made a "j, j, j" sound as it slapped the concrete.	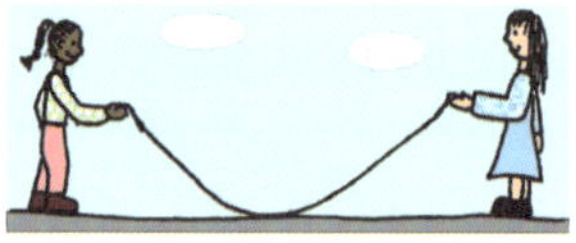	J j
After recess Audrey realized that her throat was hurting. It had been sore all day, but now it was worse. Her teacher sent her to the office to see the school nurse. Audrey opened her mouth wide and said "Ahhhh" while the nurse examined her throat. Then the nurse took her temperature. "You don't have a fever," said the nurse. "It will be all right for you to go back to class." (o/ox)		O o

학생이 싸운드 스토뤼에 익숙치가 않다면, 반복적으로 계속 읽어요.

Back in the classroom, Audrey picked up her pencil to begin her afternoon assignment. "Ccc," the lead broke on her pencil as soon it touched the paper. She reached into her desk to get out another sharpened pencil. It was a good thing she had an extra one.	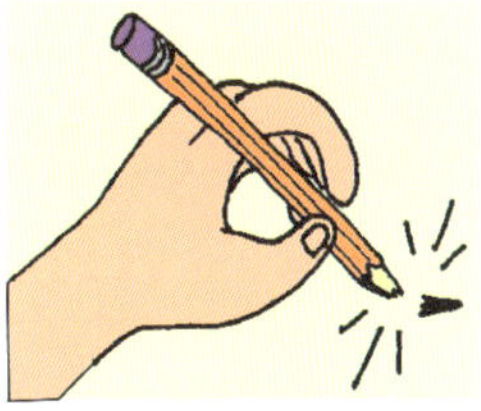	C c
At 2 o'clock, Audrey heard a knock at the door, "d, d, d." It was her father, Dr. Davis, coming to help students work on the computers in the back of the room. It wasn't Audrey's turn to work on the computers, today, so she smiled at her dad and then continued working on her assignment.	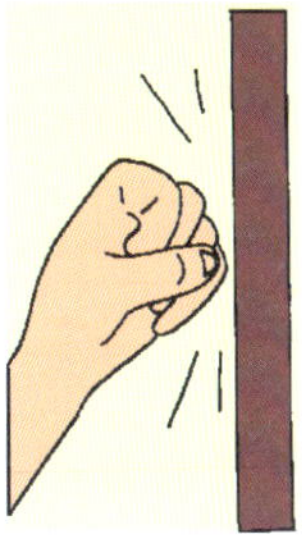	D d
At the end of the day, Audrey and Brad met their bus group in the hall. Their bus teacher waited for their group to be called. As they stepped outside, they could barely see their bus in the distance, already on its way. "AAAaaah!" screamed Audrey and Brad. All the children were upset. "It's OK," said the teacher. "We'll call your parents to come pick you up." (a/ant)		A a
The children waited in the office for their parents. They could hear the sound of the vacuum cleaner as Mrs. Taylor vacuumed the rug, "vvvvv."	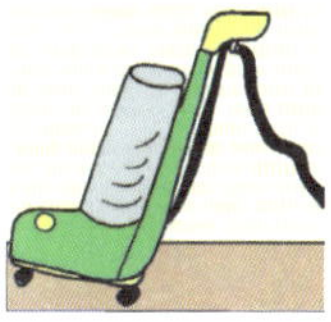	V v
Brad was thirsty, so he asked for permission to go to the hall to get a drink of water. He went straight to the water fountain. He turned the handle and leaned over to swallow the gushing water. "G, g, g, g," went the water as it streamed out of the faucet. "G, g, g, g," went his throat as he guzzled the water.		G g
When Mom arrived at school she took them straight to the doctor's office to get Audrey's throat checked. She wanted to be sure it wasn't strep throat. As they waited in the waiting room, they watched the fish swim back and forth in the large aquarium. They could hear the "P, p, p, p" sound of the air pump pushing air into the water.		P p

각 글과 그림의 소리를 연습해보세요. 그런 후 글과 그림에 손가락으로 지목하여 큰 소리로 읽어요.

더 갵 햍 노 인텐션 오f 풀링 업 윋둥 츠위. 쉬 뤼치잍 아웃 앤 스크랟치잍 츠위 롸잇 온 더 노오스, "fffff." 츠위 크롸잍 아웃 인 패인 애스 더 갵 쿠잌클리 점드 오우v얼 더 f엔스 앤 랜 어왜이.		Ff f
"포올, 츠위!" 셷 브뤨. "쉬' 윌 노우 투 립브 갵스 얼론, 넥스 타임," 히 뤼치잍 인투 더 뤼f으뤼지뤠잍뤄, 앤 풀울드 아웃 어 소오f트 쥬륀크. "쿵스스," 웎스 더 싸운드 오f 더 애어 뤄슁 아웃 애스 히 푸울드 더 탭 어ff 더 캔.		Xx 쿵스
아f으터 디이너, 더 홀 f애밀리 웥칟 어 무우v 투개덜.잍 웎스 프뤼리 굳. 원 캐랙털 웎스 어 맨 후 쿠욷드읃트 히얼 v에뤼 웰. 히 갵 쌔잉 "에?" 웬에버 쌈원 스포읔 투 힘. 히 쿠욷드읃트 언더스탠드 어 월드 데이 워 쌔잉. "댓 맨 슢 갵 히어륑 애읻스," 쎈 맘. "히 쿹 히얼 머어치 베러 윋이둥 뎀." (e/egg)		Ee 에
더 f올로윙 먼대이 모오닝, 어쥬뤼 앤 브랟 툭 더 버스 투 스쿨. 애스 어쥬뤼 슬리입튼 인투 헐 데에스크, 쉬 써우 댓 어 클라스매잍 해드 브롣읕 어 스내잌 투 스쿨 인 어 캐이쥐. 데이 터엌드 어바욷 더 스내잌 듀륑 싸이언스 크을라스. 잍 슬리덯얼드 어롸욷 인 잍츠 캐이쥐, f을릭킹 잍츠 텅 인 앤 아웃 윋 어 소오f트 "스스스스" 싸운드.	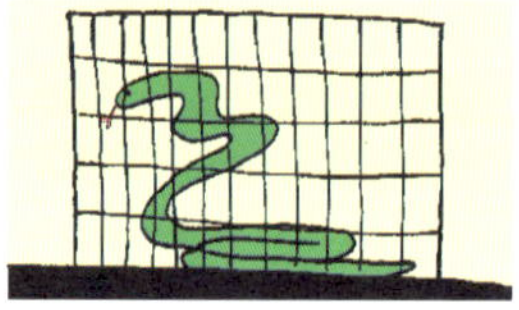	Ss 스/쓰
어쥬뤼 웎얼큳 하알드 얼 모오닝. 알f터어얼 륀치, 헐 클라스 웬트 아웃사이읻 f오올 뤼이쎄에스. 쉬 인조잍 점핑 룦 윋 허얼 f으뤤스. 더 룦 매잍 어 "즈,즈,즈," 싸운드 애스 잍 스을랩드 더 커언크뤼잍트.	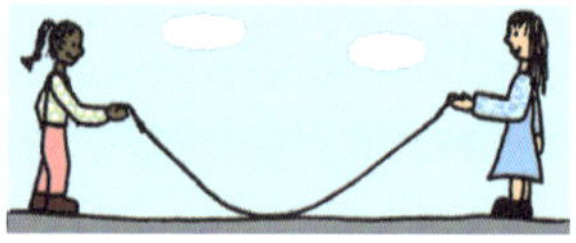	Jj 즈
아f으터 뤼이쎄에스 어쥬뤼 뤼얼라이즏 댓 헐 둥로욷트 웎스 허어륑. 잍 해드 빈 쏘어올 얼 데이, 밧 나우 잇 웎스 워얼스. 헐 티이철 쎄엔트 허 투 더 어f이스 투 씨 더 스쿨 너얼스. 어쥬뤼 오픈 헐 마우둥 와일드 엔 쌘 "앟앟앟" 와일드 더 너얼스 잌그재민드 헐 둥로우트. 덴 더 너얼스 툭 허얼 템퍼얼춰. "유 돈트 해애브 어 f이버," 쎈 더 너얼스. "잍 윌 비 얼 롸잇 f올 유 투 고 백 투 크을라스." (o/ox)		Oo 앟

벡 인 더 클라스룸, 어쥬뤼 픽 업 허얼 펜슬 투 비긴 헐 알f으터얼눈 어싸인먼트. "크크크," 더 리이드 브록 온 헐 펜슬 애스 쑨 잇터어치 잍 더 페이퍼얼 쉬 뤼이치잍 인투 헐 데에스크 투 겟 아웃 어나덯얼 샤알픈드 펜슬. 잍 워스 어 굳 딩잉 쉬 햎 언 엑스트롸 원.	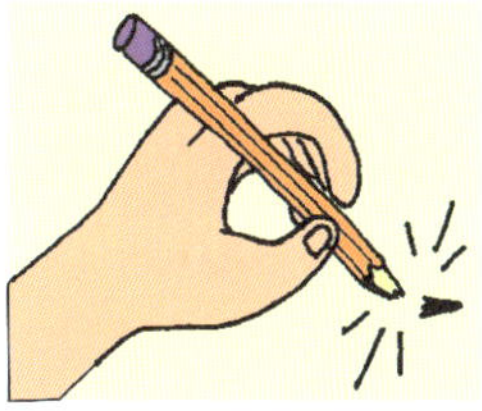	C c 크
앹 투우 어'클럭, 어쥬뤼 헐드 어 넉어크 앹 더 도얼, "드,드,드." 잍 워스 헐 f아덜, 덕덜.데이비이스, 커밍 투 헬프 스튜던스 윌크 온 더 컴퓨럴스 인 더 백 오f 더 룸. 잍 워슨트 어쥬뤼'스 튄 투 웕 온 더 컴퓨럴스, 투데이, 쏘우 쉬 스마일드 앹 헐 대앨 앤 덴 컨티인유운 웕 킹 온 헐 어싸인먼트.	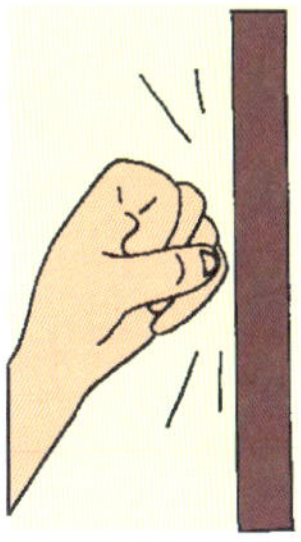	D d 드
앹 디 엔드 오f 더 대이, 어쥬뤼 앤 브랟 맽 데얼 버스 그우루웁 인 더 호얼. 데얼 버스 티이철 웨잍튼 f올 데얼 그우루웁 투 비 커얼드. 애스 데이 스텝드 아웃싸이드, 데이 쿧 배얼뤼 씨 데얼 버스 인 더 디스턴스, 얼뤠디 온 잍스 왜이. "아아아!" 스크륌드 어쥬뤼 앤 브랟. 얼 더 취일드뤈 윌 업셑. "잍'츠 오캐이," 쎈 더 티이철. "위윌 컬 욜 패애뤈츠 투 컴 픽 유 업." (a/ant)		A a 아
더 취일드뤈 웨잍튼 인 더 어ff이스 f어얾 데얼 패애뤈츠. 데이 쿧 히얼 더 싸운드 오f 더 v에큠 클리이너 애스 미쎄에스.테일뤄 v애큠드 더 뤄어그, "vvvvv".	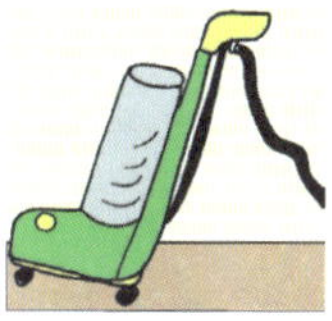	V v v
브랟 워스 텋얼스티, 쏘 히 애슼큳 f어얾 펄미션 투 고 투 더 호얼 투 겟 어 쥬링크 어f 워뤄. 히 웬트 스트뤠잍 투 더 워러 f아운틴. 히 턴언드 더 핸들을 앤 리이인 오우v어얾 투 스월로우 더 거싕 워뤄. "그,그,그,그" 웬트 더 워뤄 애스 잍 스트륌드 아웉 어f 더 f어셑 .		G g 궁
웬 맘 얼롸이븐 앹 스쿨 쉬 툭 뎀 스트뤠잍 투 더 덕더얼'스 어ff이스 투 겟 어쥬뤼'스 둥롣 체엑드. 쉬 원튿은 투 비 쑈얼 잍 워슨'트 스트뤨 퉁로욷드. 애스 데이 웨이튼읕 인 더 웨이링 루우움, 데이 월칫읻 더 f이쉬 스윔 백 앤 f어얾둥 인 더 롸알쥐 아쿠아뤼움. 데이 쿧 히얼 더 "풍,풍,풍,풍," 싸운드 어f 디 애얼 퍼엄프 푸우싕 애얼 인투 더 워러.		P p 풍

Audrey looked up when she heard the "K, k, k" sound of the receptionist's heels stepping across the tile floor. "I need to ask you a question about your insurance," said Mrs. Kendrick to Audrey's mother. "Certainly," said her mother, as she stepped to the office counter.		K k
When Audrey's exam was finished, the doctor said that she didn't have strep throat after all. Mom was relieved. As Audrey, Brad and Mom returned to their car, Brad accidentally stepped on a piece of yucky bubble gum. "Yyyy," he said. He tried to scrape it off on the edge of the sidewalk.		Y y
Mom took the kids to the park on the way home. They sat at a picnic table and had a snack that she had packed. It was a pretty day. They could hear a mourning dove cooing in the distance, "coo, coo, coo." (qu/quilt)		Qu qu
Suddenly they heard a loud buzzing sound, "zzzzzzz." They turned to see an enormous swarm of bees moving through the air. It landed in a pine tree near their picnic table. Other bees flew around in the air nearby. "Let's go home," they all yelled in unison. And that is exactly what they did.		Z z

Sight Words

a	is	as	Ī
A	his	has	
was			

일견 단어를 쓰여진 순서대로 큰 소리로 읽으세요. 알파벳 모음 u 소리는 단모음 소리로 읽어요.

어쥬뤼 루욱 업 웬 쉬 허얼드 더 "쿵,쿵,쿵" 싸운드 오f 더 뤕쎄션니 이스트'스 히이을스 스텝핑 어크로우스 더 타아일을 f을뤄. "아이 니이드 투 아스크 유 어 쿠에스쳔 어바웃 요얼 인쑈뤈스. "쌘 미쎄스.켄드뤽 투 어쥬뤼'스 마아덜. "써얼른리, 쌘 헐 마아덜, 애스 쉬 스텝드 투 더 어ff이스 카운터어.		K k 쿵
웬 어쥬뤼'스 이그젬 워스 f이니쉬읻, 더 덕어덜 센 댓 쉬 디이든'트 해엪 스트뤱 둥로옽트 아f으텋 얼. 맘 워스 윌리이v은. 애스 어쥬뤼, 브랠 앤 맘 뤼턴드 투 데얼 카아알, 브랠 액씨이던리 스텝드 온 어 피이스 오f 엳키 버블 거어엄. "이이이-, 히 쌘. 히 츄롸읻 투 스크 뤱 잍 어ff 온 더 엗지 오f 더 싸이드윌.		Y y 이
맘 투욱 더 키읻스 투 더 파알크 온 더 왜이 홈. 데이 쌜 앨 어 피크닠 테이블 앤 해애드 어 스냌 댙 쉬 해드 팩애크. 잍 워스 어 프뤼이리 대이. 대이 쿧 히얼 어 머어닝 도오v 쿠잉 인 더 디이스텐스, "쿠우, 쿠우, 쿠우." (qu/quilt)		Qu qu 쿠우
써어든리 데이 허얼드 어 롸우드 버엉죙 싸운드 "즁즁즁즁즁." 데이 터언드 투 씨 언 인노우뭘어스 스왐 오f 비이스 무우빙 톻으루우 디 애어. 잍 래앤드읃 인 어 파인 츄뤼 니얼 데얼 픽크닉 테이블. 어덜 비이스 f을루 어롸운드 인 디 애어 니어 바이. "렐'츠 고 홈," 데이 얼 옐에드 인 유니이슨. 앤 댈 이스 익스젝틀뤼 윗 데이 디이드.		Z z 즁

Sight Words (일견단어)

a 엉	is 이즁	as 애즁	I 아이
A 엉	his 히즁	has 해애즁	
was 워엉즁			

일견단어를 본 후에 글자 하나씩 읽어요. 단모음 u 위에 우산 모양은 umbrella 모음의 소리를 u(엉)를 의미해요.

각 글자의 소리를 큰 소리로 읽어요.

A a 아 	B b 브 	C c 크 	D d 드 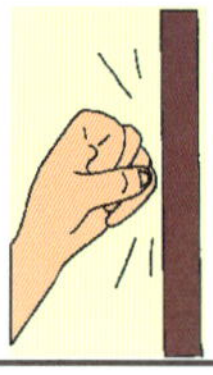	E e 에 
F f f 	G g 긓 	H h 헣 	I i 이 	J j 즈 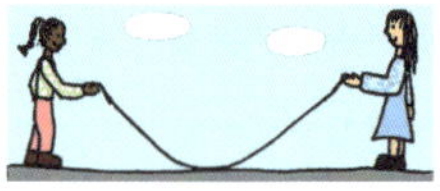
K k 쿨 	L l 을 	M m 음 	N n 은 	O o 앙 
P p 풍 	Qu qu 쿠우 	R r 얽 	S s 스 	T t 트 

U u 엉 	V v v 	W w 웋으 	X x 쿨스 	Y y 이 	Z z 즁 

 소리내어 읽으세요.

a  아	b  브	c  크	d  드	e  에
f  f	g  궁	h  헣	i  이	j  즈
k  쿵	l  을	m  음	n  은	o  앙
p  풍	qu  쿠우	r  얽	s  스	t  트

u  엉  a 엉	v  v	w  웋으	x  쿵스	y  이	z  즈 s 즈

알파벳 글자에는 하나 이상의 소리를 낼 수 있어요. 한번 소리내어 읽어보고 각 글자의 소리를 연습해보아요.

각 글자의 소리를 읽어요.

<table>
<tr><th>Short Vowels
쑈올트 v왕울스</th><th>Long Vowels
륑 v왕울스</th><th>Umbrella Vowels
엄브렐라 v왕울스</th></tr>
<tr><td>a 아(짧) </td><td></td><td rowspan="4">더 스토뤼 엉바웉 뭘엉
Umbrella 모음
a i e o
u
하루는 모음이 밖으로 산책을 나갔어요. 그런데 갑자기 비가 오기 시작했어요. 그래서 글자 U는 항상 간직했던 우산을 크게 펼쳤어요. 항상 지니고 있던 "umbrella(우산)"는 항상 소리가 "uh" 소리가 먼저 나와요. 그날 다른 모음 A, E, I 그리고 O는 비오는 날에 같이 우산을 써도 되는지 U한테 물어봤요. 그랬더니 "U"는 "그럼! 사용할 수 있지, 하지만 한 가지만 나와 약속을 해줘야만 해, 그건 바로 내 우산을 사용하게 되면 "uh" 소리를 꼭 먼저 내야 해" 이 말을 들은 다른 모음들은 매우 슬펐어요. 왜냐하면, 다른 모음들은 자신들만의 소리를 간직하고 싶었거든요. 비는 더 거칠게 쏟아지고 다른 모음들은 비를 피하기 위해 "U"에게 부탁을 했는데 "U"는 자신의 한 약속을 지킨다면 A, E, I,그리고 O 글자들이 우산 속으로 들어올 수 있게 허락해줬어요. 그래서 지금까지 간혹 다른 모음 소리에서도 "uh" 소리를 오늘날까지 사용하게 되어 이 발음을 "umbrella" 소리 표현을 해요.</td></tr>
<tr><td>e 에(짧) </td><td></td></tr>
<tr><td>i 이(짧) </td><td>ī 아이(긴) </td></tr>
<tr><td>o 앙(짧) </td><td></td></tr>
<tr><td>u 엉(짧) </td><td></td><td> a 엉(짧) </td></tr>
</table>

"This page is to be left blank."

at 앹트

al 앨을

an 앤은

ab 앱브

am 앰음

af 애f

Lemon

ax 악스

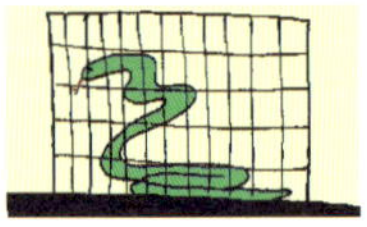

as 앗스

하루에 한 번은 혼합된 소리를 소리 내어 읽어요. 수업과 관련된 소리를 미리 연습한 후 아래의 내용을 연습해요.

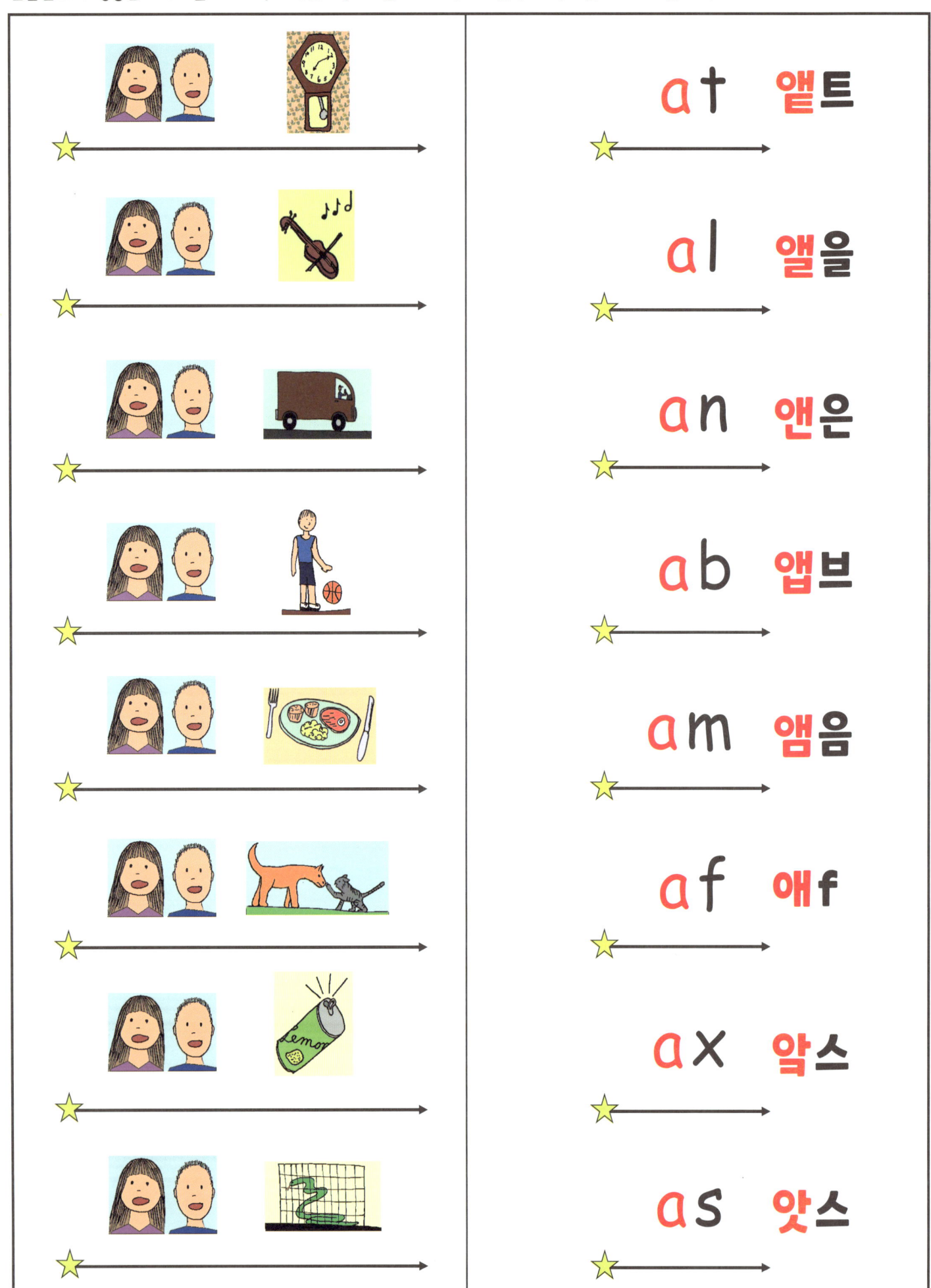

 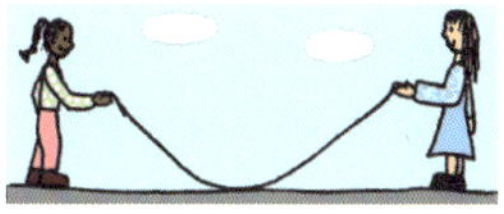

aj 앶즈

 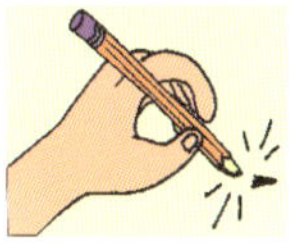

ac 액크

 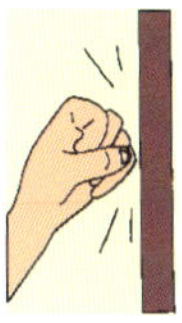

ad 앧드

av 애v

ag 액긍

ap 앺픙

ak 액킁

az 앚증

학생이 복합된 단모음 소리를 스스로 읽게 되면, 연습을 1주일에 한 번씩만 읽을 수 있도록 해 주세요.

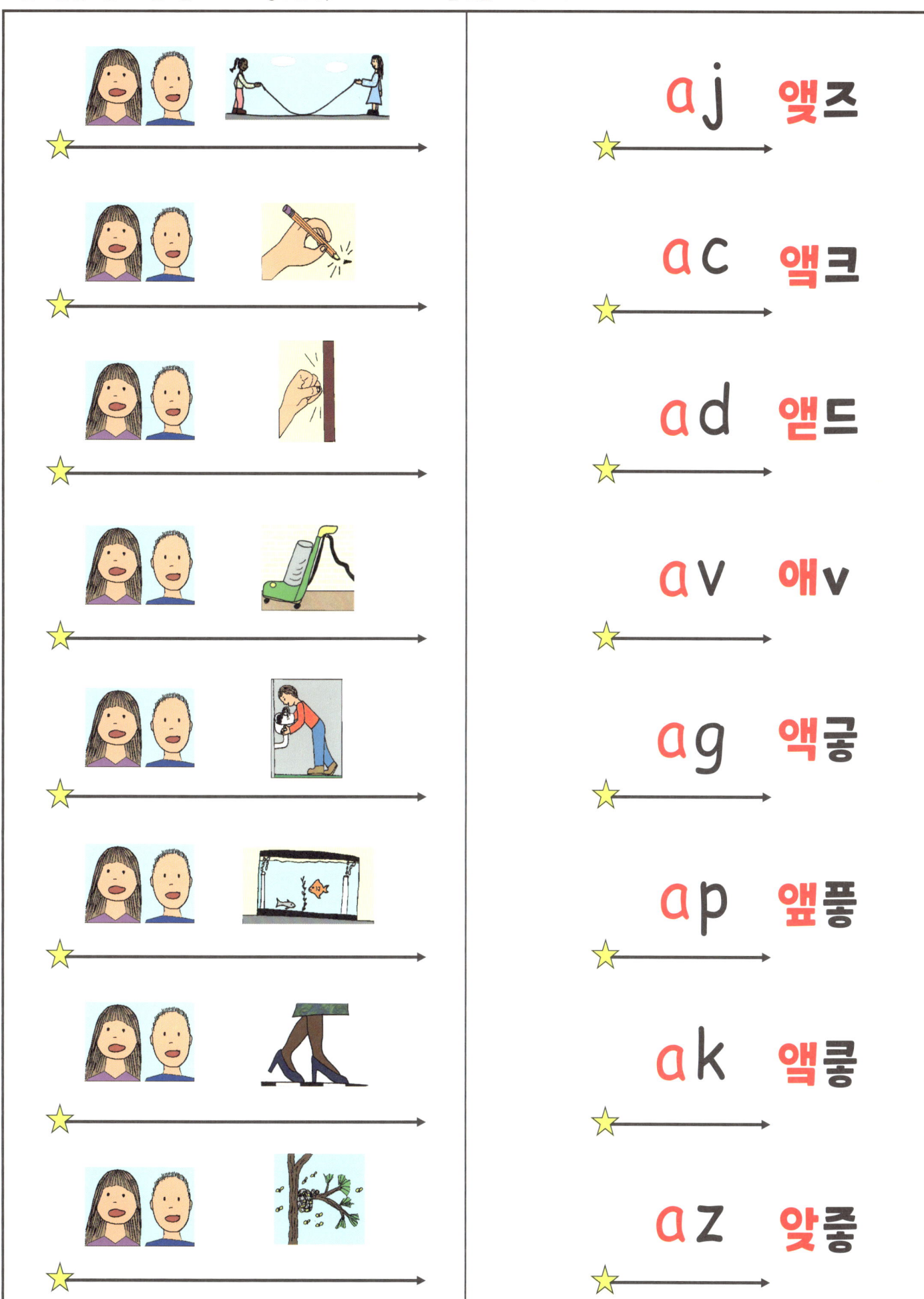

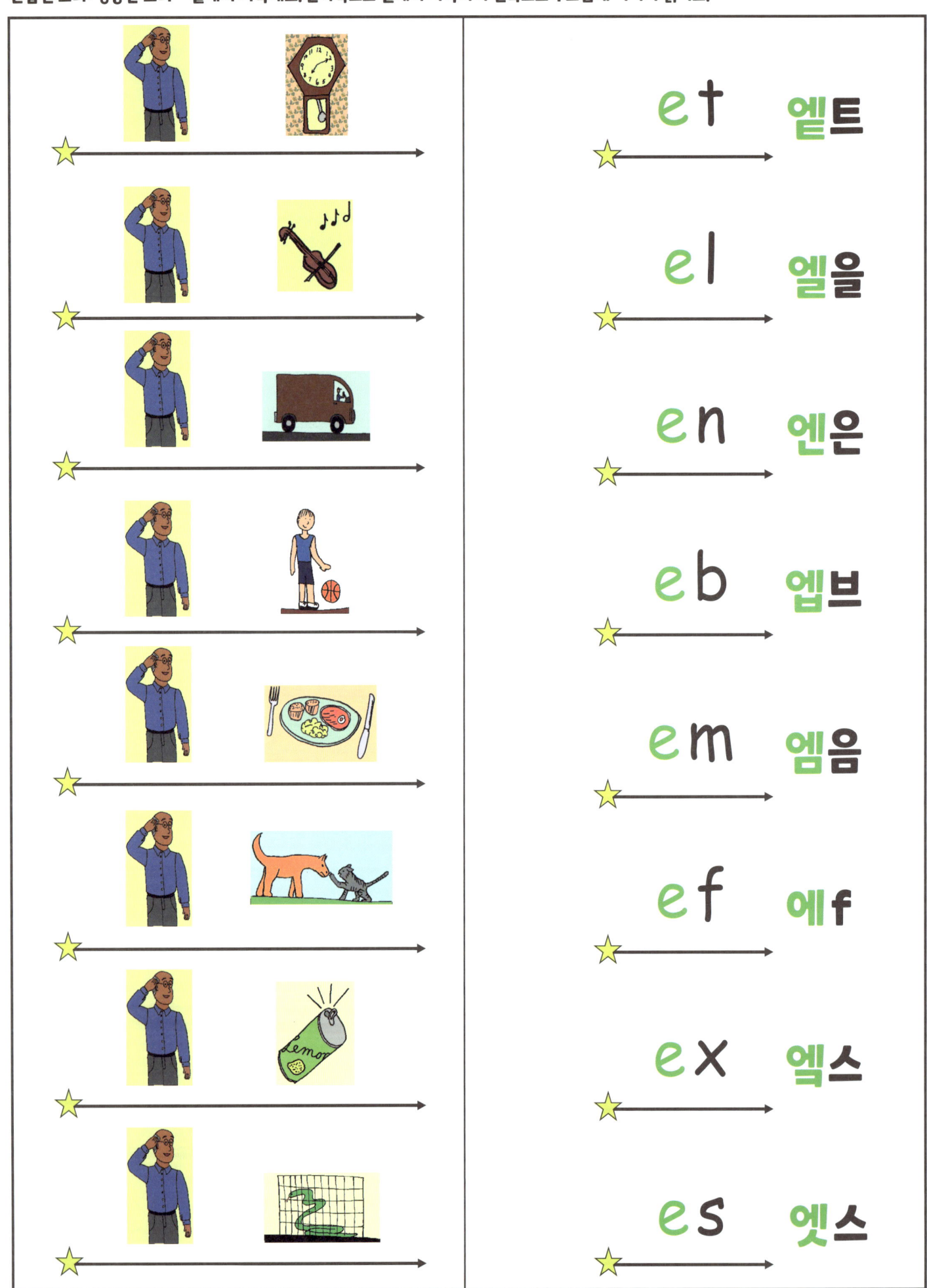

혼합된 소리: 엉뚱한 소리 - 별에서 시작해요. 손가락으로 별에서 시작하여 왼쪽으로 부드럽게 이어서 읽어요.

et 엩트

el 엘을

en 엔은

eb 엡브

em 엠음

ef 에f

ex 엑스

es 엣스

하루에 한 번은 혼합된 소리를 소리 내어 읽어요. 수업과 관련된 소리를 미리 연습한 후 아래의 내용을 연습해요.

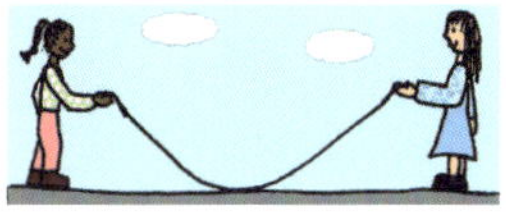

ej 엦즈

ec 엨크

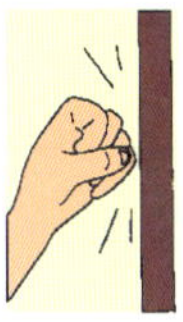

ed 엗드

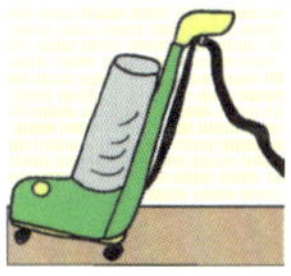

ev 에v

eg 엑궁

ep 엪풍

ek 엨쿵

ez 엦중

학생이 복합된 단모음 소리를 스스로 읽게 되면, 연습을 1주일에 한 번씩만 읽을 수 있도록 해 주세요.

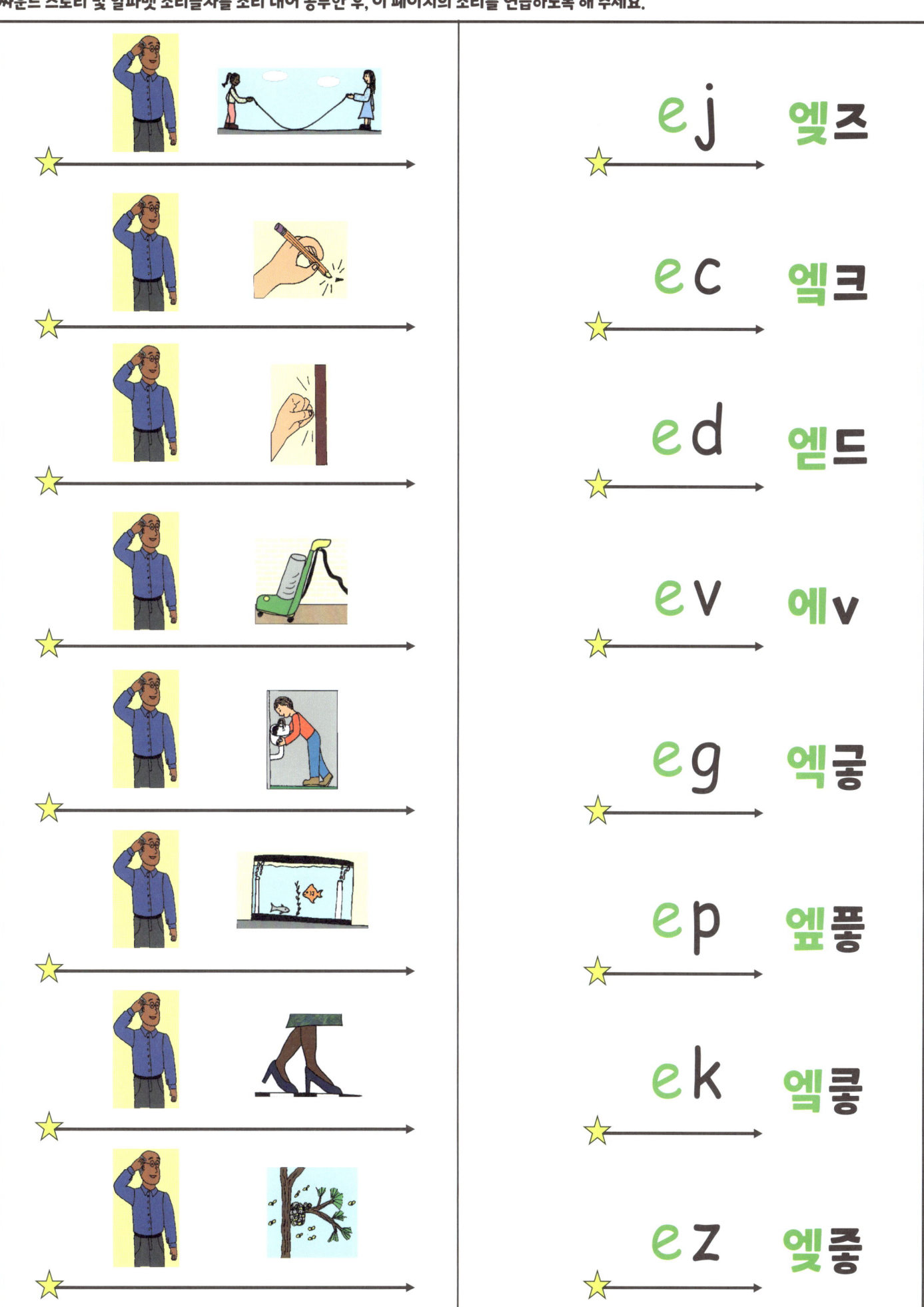

혼합된 소리: 엉뚱한 소리 - 별에서 시작해요. 손가락으로 별에서 시작하여 왼쪽으로 부드럽게 이어서 읽어요.

☆ ⟶

☆ ⟶

☆ ⟶

☆ ⟶

☆ ⟶

☆ ⟶

☆ ⟶

 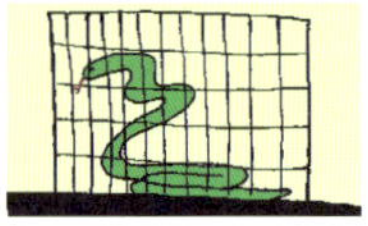

☆ ⟶

it 잍트

☆ ⟶

il 일을

☆ ⟶

in 인은

☆ ⟶

ib 입브

☆ ⟶

im 임음

☆ ⟶

if 이f

☆ ⟶

ix 익스

☆ ⟶

is 잇스

☆ ⟶

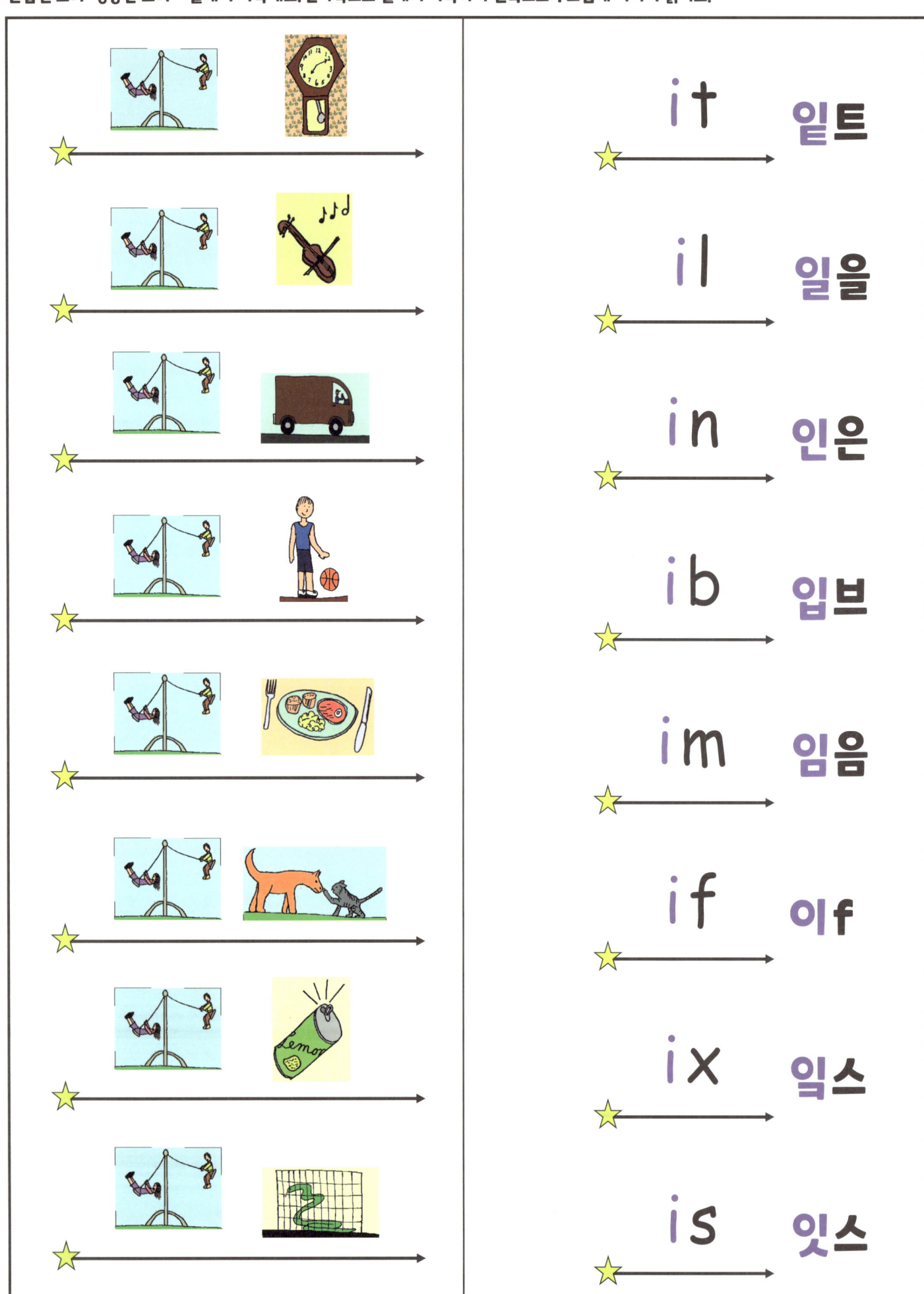

하루에 한 번은 혼합된 소리를 소리 내어 읽어요. 수업과 관련된 소리를 미리 연습한 후 아래의 내용을 연습해요.

싸운드 스토리 및 알파벳 소리글자를 소리 내어 공부한 후, 이 페이지의 소리를 연습하도록 해 주세요.

 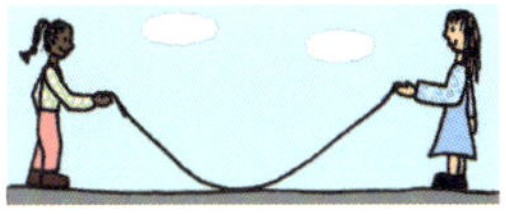

ij 잊즈

ic 잌크

 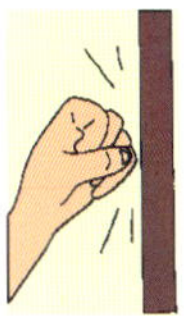

id 읻드

iv 이v

ig 익긍

ip 잎픙

ik 잌킁

iz 잊증

학생이 복합된 단모음 소리를 스스로 읽게 되면, 연습을 1주일에 한 번씩만 읽을 수 있도록 해 주세요.

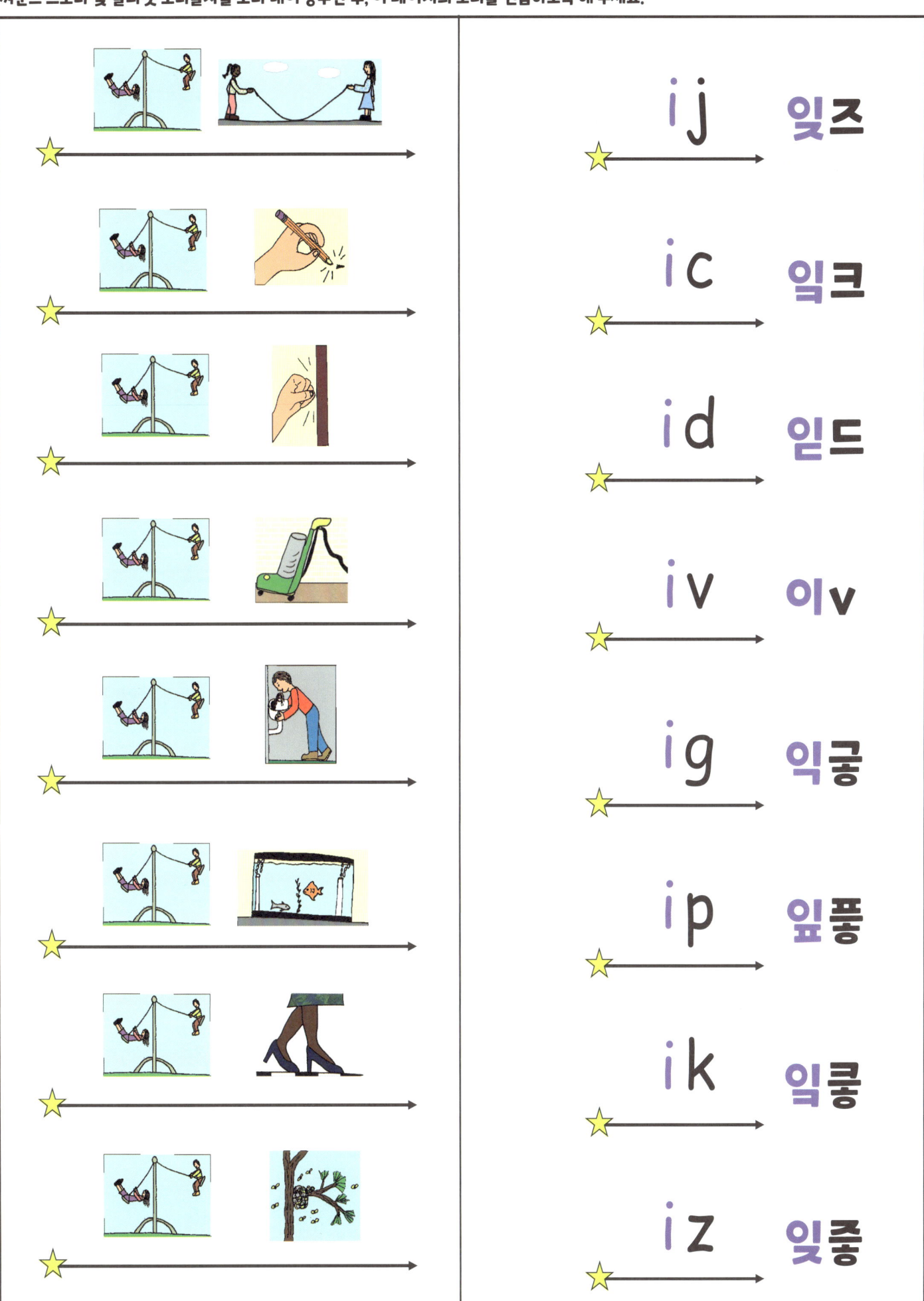

혼합된 소리: 엉뚱한 소리 - 별에서 시작해요. 손가락으로 별에서 시작하여 왼쪽으로 부드럽게 이어서 읽어요.

ot 엍트

ol 얼을

on 언은

ob 업브

om 엄음

of 엏f

ox 악스

os 엇스

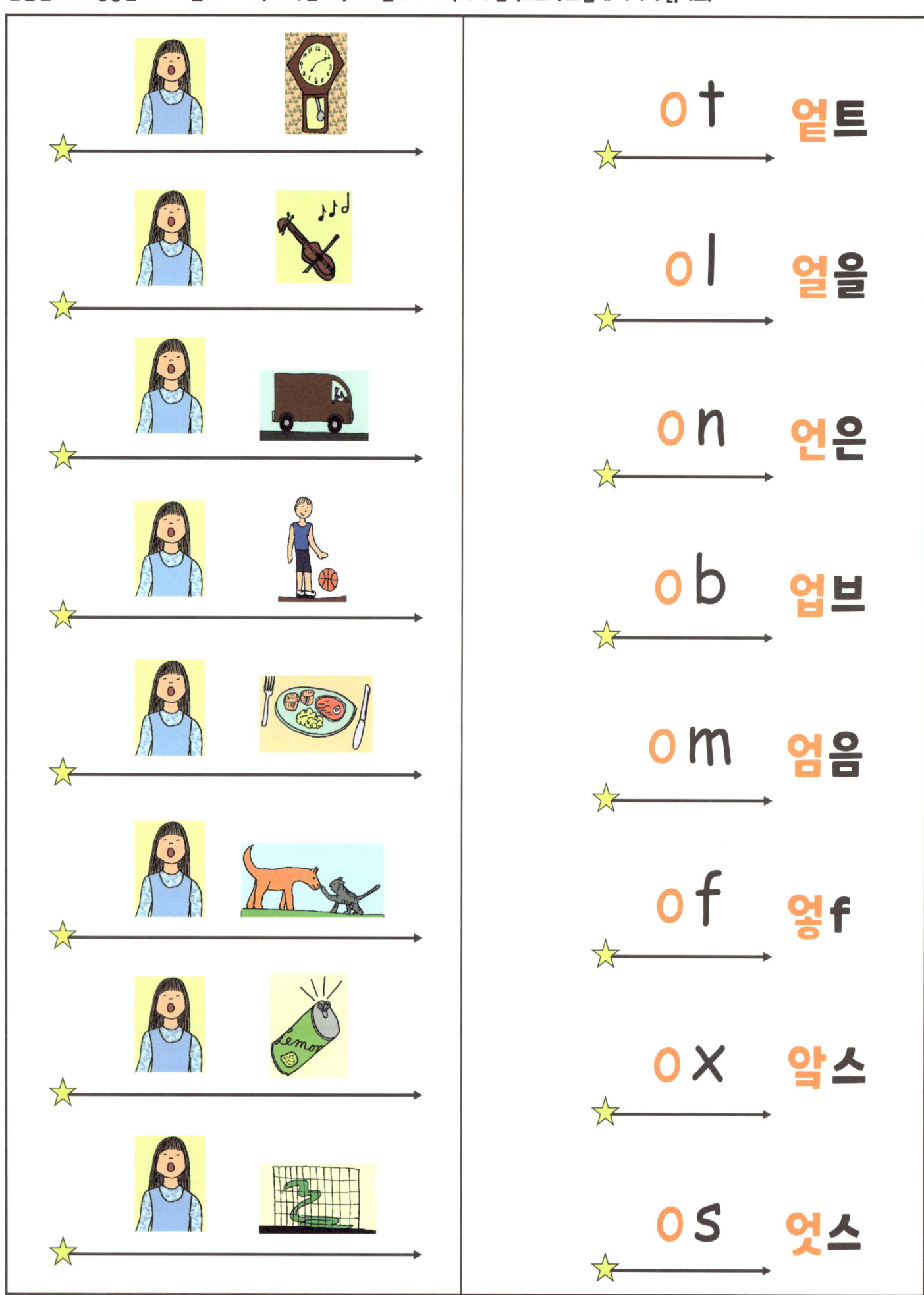

하루에 한 번은 혼합된 소리를 소리 내어 읽어요. 수업과 관련된 소리를 미리 연습한 후 아래의 내용을 연습해요.

싸운드 스토리 및 알파벳 소리글자를 소리 내어 공부한 후, 이 페이지의 소리를 연습하도록 해 주세요.

 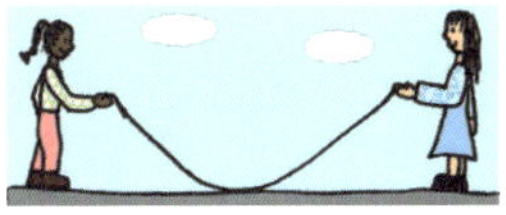

 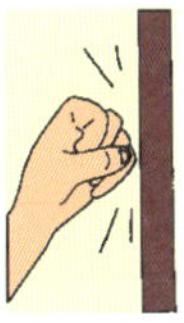

oj 엇즈

oc 엌크

od 엊드

ov 엏v

og 엌긓

op 엎픙

ok 엌킁

oz 엇즁

학생이 복합된 단모음 소리를 스스로 읽게 되면, 연습을 1주일에 한 번씩만 읽을 수 있도록 해 주세요.

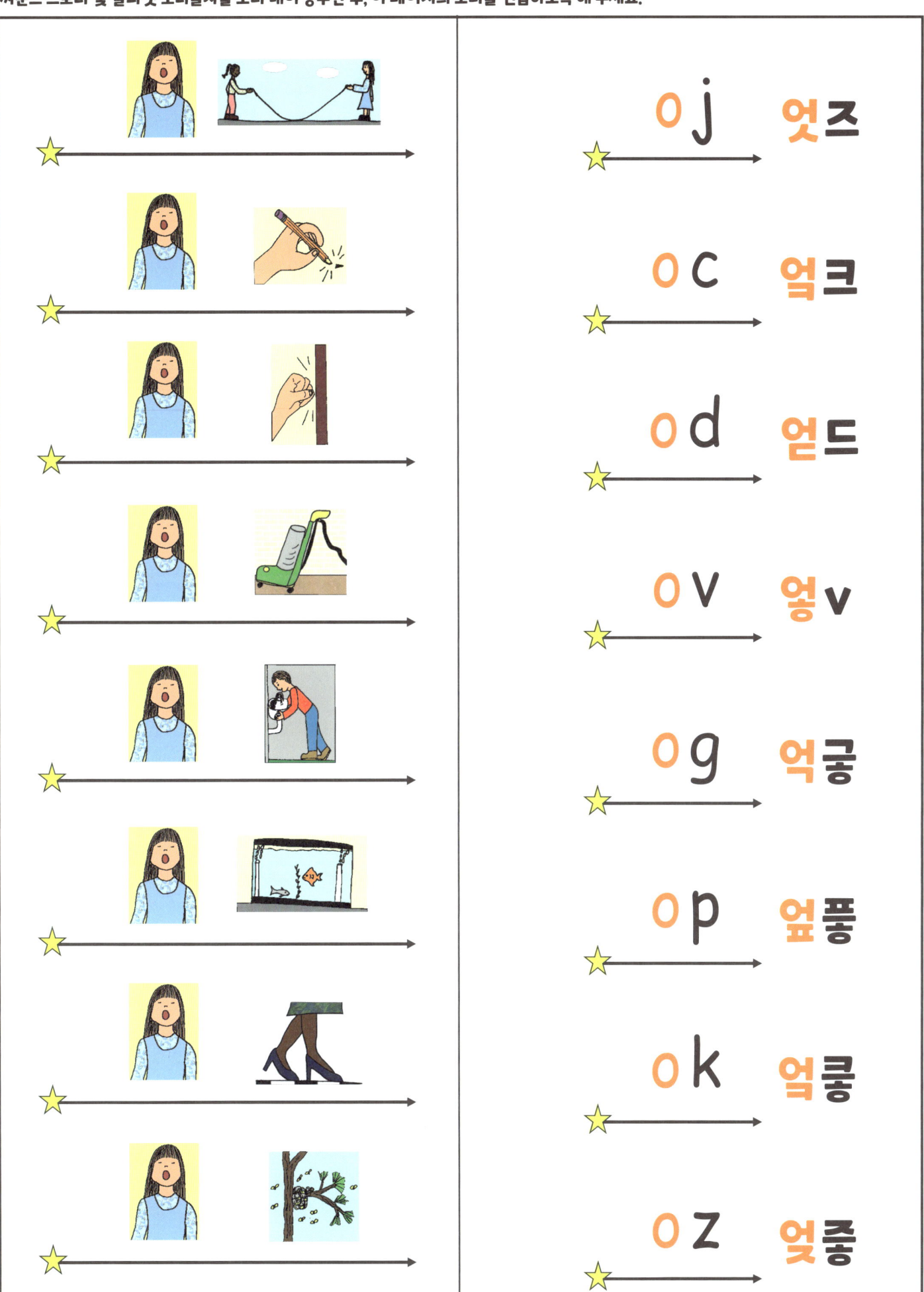

혼합된 소리: 엉뚱한 소리 - 별에서 시작해요. 손가락으로 별에서 시작하여 왼쪽으로 부드럽게 이어서 읽어요.

★ →

★ →

★ →

★ →

★ →

★ →

Lemon

★ →

 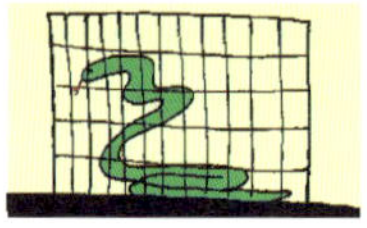

★ →

ut 얻트

★ →

ul 얼을

★ →

un 언은

★ →

ub 업브

★ →

um 엄음

★ →

uf 옹f

★ →

ux 억스

★ →

us 엇스

★ →

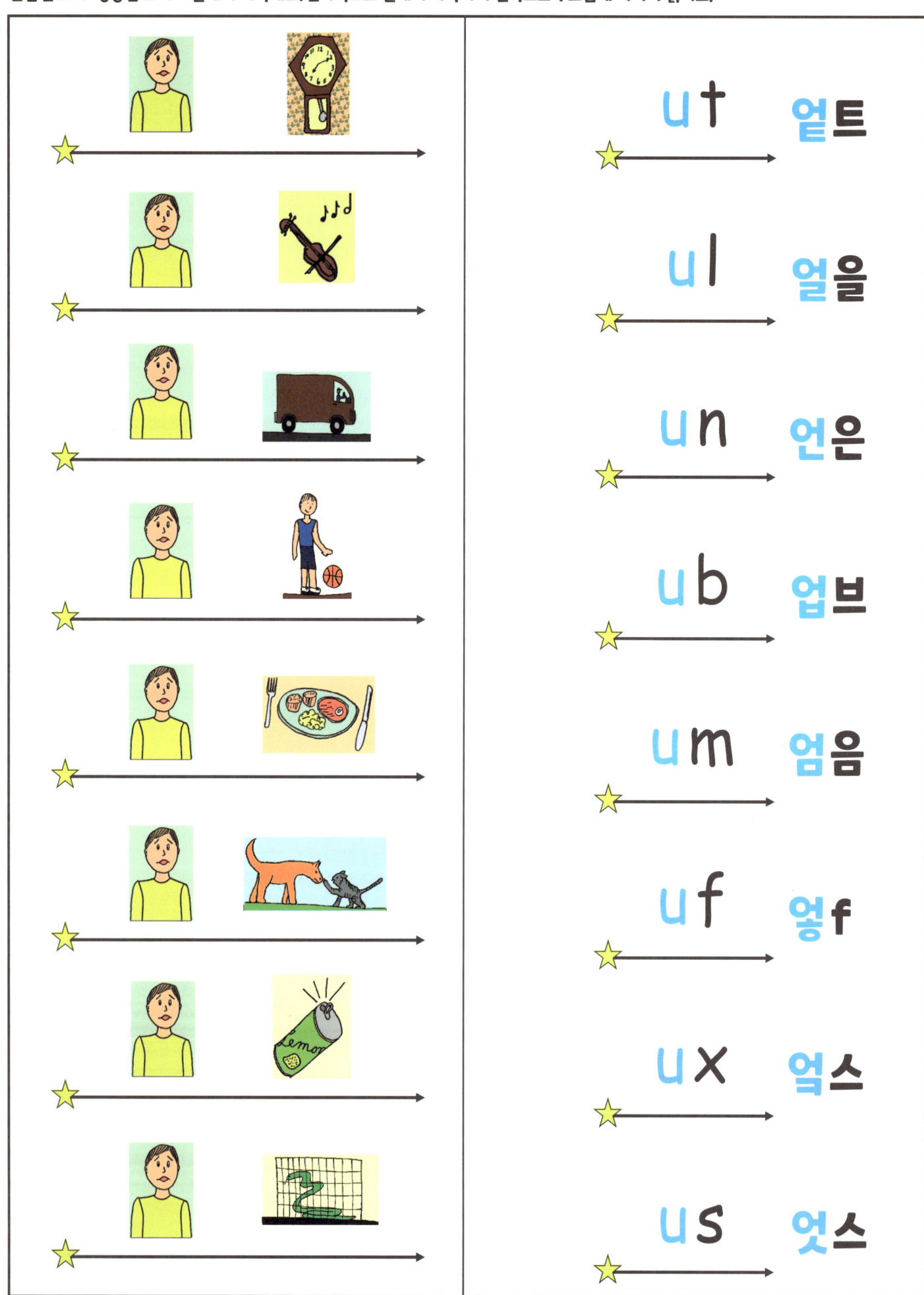

하루에 한 번은 혼합된 소리를 소리 내어 읽어요. 수업과 관련된 소리를 미리 연습한 후 아래의 내용을 연습해요.

싸운드 스토리 및 알파벳 소리글자를 소리 내어 공부한 후, 이 페이지의 소리를 연습하도록 해 주세요.

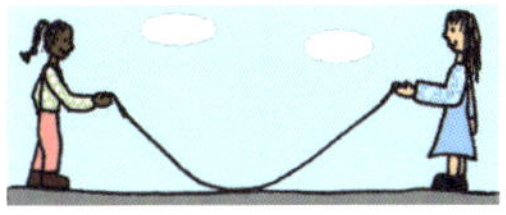

uj 엊즈

uc 엌크

ud 얻드

uv 엎v

ug 억그

up 엎프

uk 엌크

uz 엊즈

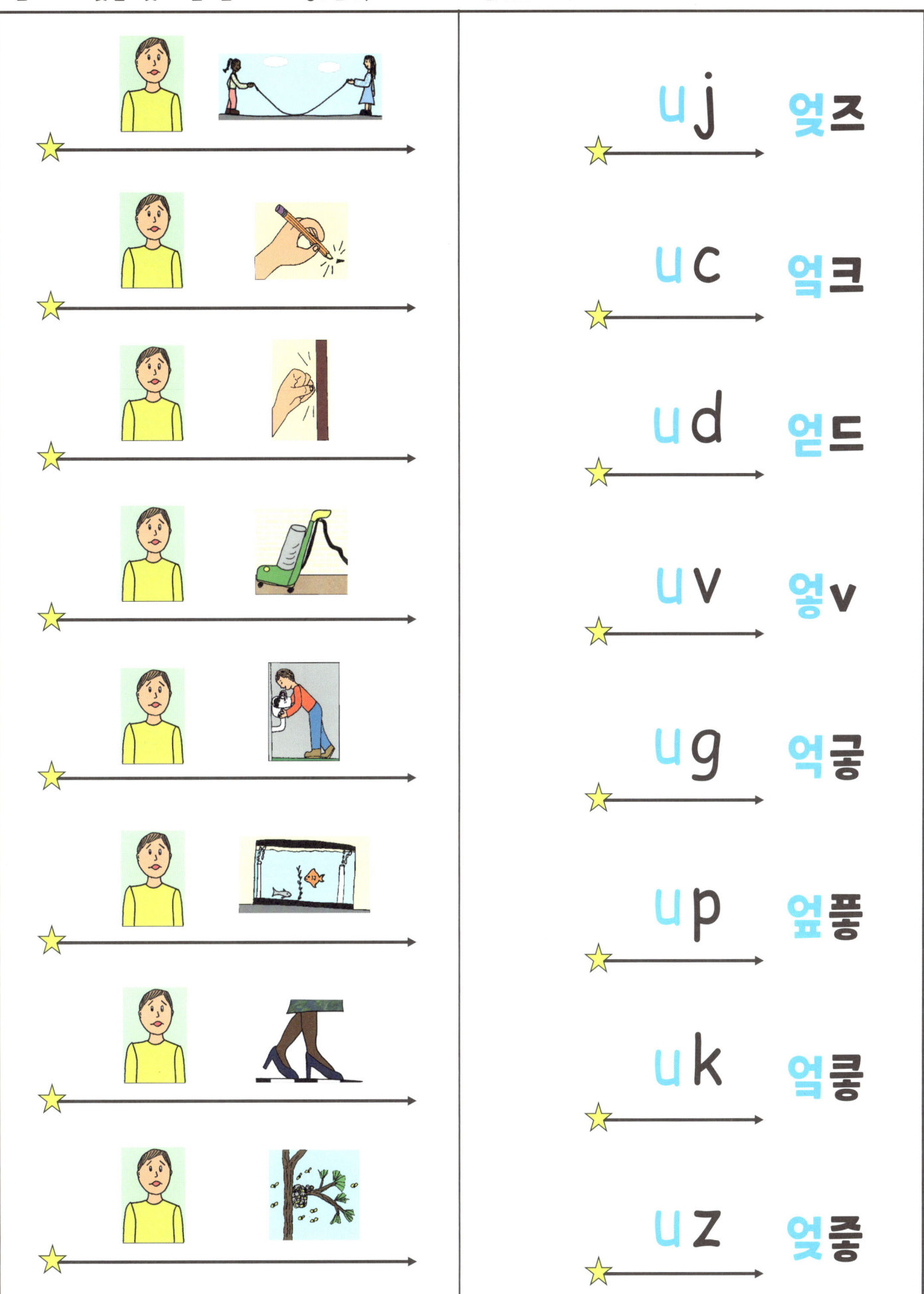

학생이 복합된 단모음 소리를 스스로 읽게 되면, 연습을 1주일에 한 번씩만 읽을 수 있도록 해 주세요.

#1

ㄴ 엉

A.

Hull: Outer covering of a seed or fruit

B.

C.

D.

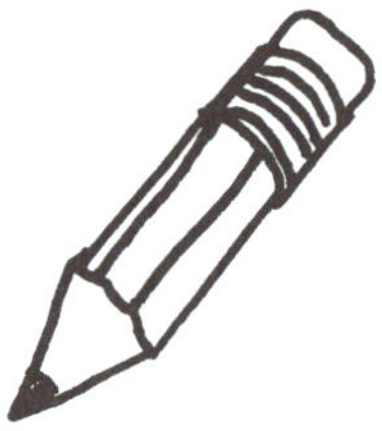

Nub: The last little bit of a pencil

E.

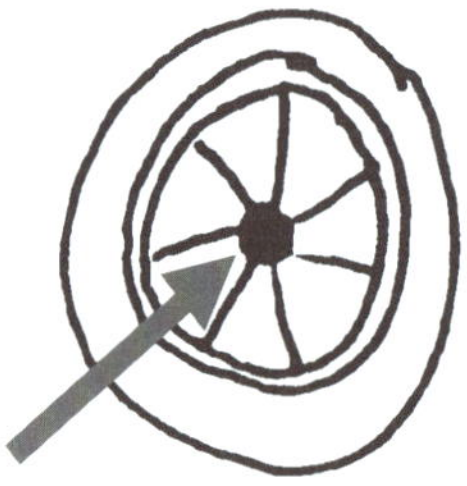

Hub: The center of a wheel

F.

G.

H.

Nun: A woman in a religious order

I.

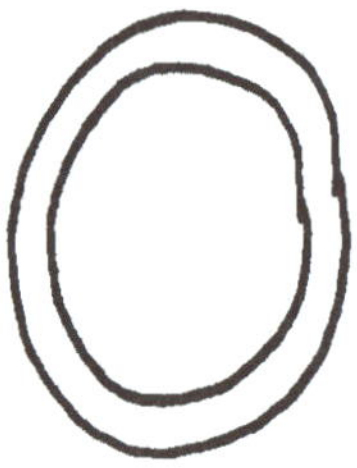

Null: Zero, nothing

1) 첫 번째 열에서 시작되는 그림을 글자 1-10까지 보고, 각 그림에 보이는 순서대로 읽어보세요. 단어를 읽을 때 화살표에서 한 번씩 멈추면서 천천히 읽어요. 그런 다음 학생은 완성된 단어를 같이 모아서 읽어주세요. (선생님 또는 학생이 소리 내어 읽어주세요.)

u 엉 

1.	n → u → t	은 엉 트	nut	너엍트
2.	h → u → t	헣 엉 트	hut	허엍트
3.	t → u → b	트 엉 브	tub	터업브
4.	n → u → b	은 엉 브	nub	너업브
5.	h → u → b	헣 엉 브	hub	허업브
6.	b → u → n	브 엉 은	bun	버언은
7.	n → u → n	은 엉 은	nun	너언은
8.	h → u → ll	헣 엉 을	hull	허얼을
9.	n → u → ll	은 엉 을	null	너얼을

2) 선생님은 A부터 J까지 그림을 보고 각각 발음되는 글을 화살표에서 멈추면서 천천히 읽어주세요. 학생은 첫 번째 열에서 선생님께서 읽어주시는 글을 보고 읽어요.
3) 학생은 순서대로 글자를 위에서 아래로 읽고 반대로 아래에서 위로 읽고, 여러 번 반복해서 읽는 연습해 보세요.

2

니 엉

A.

Lux: A measurement of the amount of light

B.

Tux: A tuxedo

C.

D.

Huff: To blow out forcefully

E.

Rut: A track made by wheels in mud

F.

mmm

G.

Mum: A kind of flower

H.

I.

Muff: A warm covering for the hands

J.

Mutt: A mixed breed dog

1) 첫 번째 열에서 시작되는 그림을 글자 1-10까지 보고, 각 그림에 보이는 순서대로 읽어보세요. 단어를 읽을 때 화살표에서 한 번씩 멈추면서 천천히 읽어요. 그런 다음 학생은 완성된 단어를 같이 모아서 읽어주세요. (선생님 또는 학생이 소리 내어 읽어주세요.)

u 엉

1.	f → u → n f 엉 은	fun f언은
2.	r → u → n 얽 엉 은	run 뤄언은
3.	m → u → ff 음 엉 ff	muff 머엉ff
4.	h → u → ff 헣 엉 ff	huff 허엉ff
5.	r → u → t 얽 엉 트	rut 뤄얻트
6.	m → u → tt 음 엉 트	mutt 머얻트
7.	h → u → m 헣 엉 음	hum 허엄음
8.	m → u → m 음 엉 음	mum 머엄음
9.	t → u → x 트 엉 쿻스	tux 터억스
10.	l → u → x 을 엉 쿻스	lux 러억스

2) 선생님은 A부터 J까지 그림을 보고 각각 발음되는 글을 화살표에서 멈추면서 천천히 읽어주세요. 학생은 첫 번째 열에서 선생님께서 읽어주시는 글을 보고 읽어요.
3) 학생은 순서대로 글자를 위에서 아래로 읽고 반대로 아래에서 위로 읽고, 여러 번 반복해서 읽는 연습해 보세요.

3

e 에

A.

B.

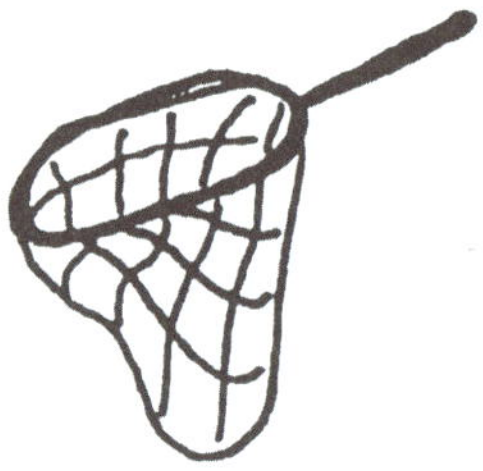

C.

D.

E.

Yes, you may go.

F.

G.

H.

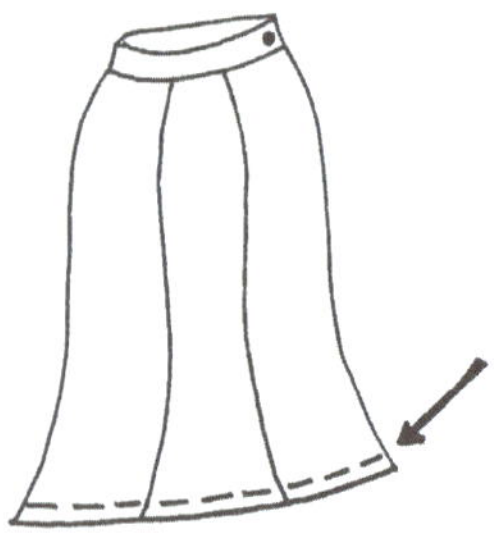

I.

J.

1) 첫 번째 열에서 시작되는 그림을 글자 1-10까지 보고, 각 그림에 보이는 순서대로 읽어보세요. 단어를 읽을 때 화살표에서 한 번씩 멈추면서 천천히 읽어요.
그런 다음 학생은 완성된 단어를 같이 모아서 읽어주세요. (선생님 또는 학생이 소리 내어 읽어주세요.)

e 에 

1.	n → e → t 은 에 트	net 네엘트
2.	l → e → t 을 에 트	let 레엘트
3.	w → e → t 웅으 에 트	wet 웨엘트
4.	m → e → t 음 에 트	met 메엘트
5.	t → e → ll 트 에 을	tell 테엘을
6.	f → e → ll f 에 을	fell f엘을
7.	w → e → ll 웡 에 을	well 웨엘을
8.	b → e → ll 브 에 을	bell 베엘을
9.	h → e → m 헝 에 음	hem 헤엠음
10.	w → e → b 웅으 에 브	web 웨엡브

2) 선생님은 A부터 J까지 그림을 보고 각각 발음되는 글을 화살표에서 멈추면서 천천히 읽어주세요. 학생은 첫 번째 열에서 선생님께서 읽어주시는 글을 보고 읽어요.
3) 학생은 순서대로 글자를 위에서 아래로 읽고 반대로 아래에서 위로 읽고, 여러 번 반복해서 읽는 연습해 보세요.

4

e

에

u

엉

A.

B.

C.

D.

E.

F.

G.

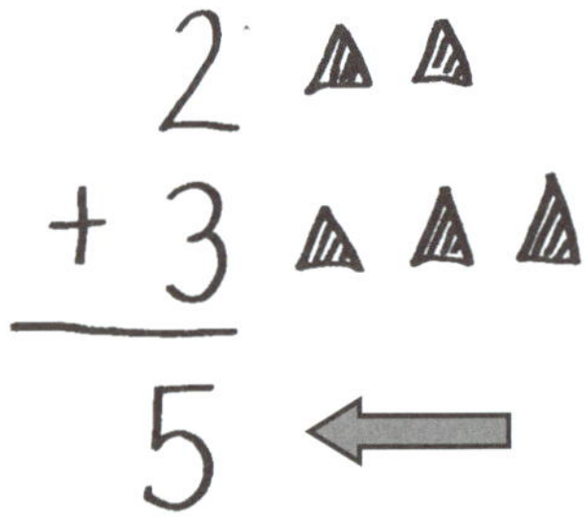
2
+ 3
5

H.

I.

J.

Bess

1) 첫 번째 열에서 시작되는 그림을 글자 1-10까지 보고, 각 그림에 보이는 순서대로 읽어보세요. 단어를 읽을 때 화살표에서 한 번씩 멈추면서 천천히 읽어요.
그런 다음 학생은 완성된 단어를 같이 모아서 읽어주세요. (선생님 또는 학생이 소리 내어 읽어주세요.)

e 에 

u 엉 

1.	s → e → ll 쓰 에 을	sell 쎄엘을
2.	s → e → t 쓰 에 트	set 쎄엘트
3.	l → e → ss 을 에 스	less 레엣스
4.	m → e → ss 음 에 스	mess 메엣스
5.	B → e → ss 브 에 스	Bess 베엣스
6.	u → s 엉 스	us 엇스
7.	b → u → s 브 엉 스	bus 버엇스
8.	s → u → n 쓰 엉 은	sun 써언은
9.	s → u → b 쓰 엉 브	sub 써업브
10.	s → u → m 쓰 엉 음	sum 써엄음

2) 선생님은 A부터 J까지 그림을 보고 각각 발음되는 글을 화살표에서 멈추면서 천천히 읽어주세요. 학생은 첫 번째 열에서 선생님께서 읽어주시는 글을 보고 읽어요.
3) 학생은 순서대로 글자를 위에서 아래로 읽고 반대로 아래에서 위로 읽고, 여러 번 반복해서 읽는 연습해 보세요.

5

e
에

u
엉

A.

B.

C.

Jeff

D.

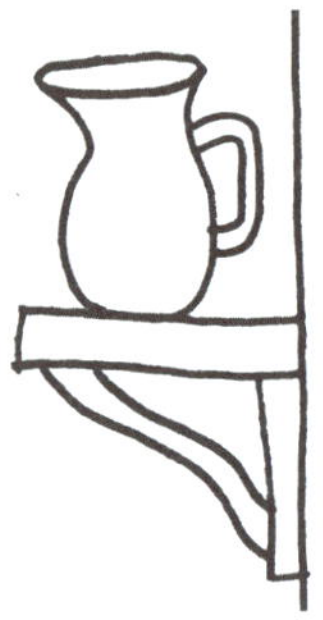

E.

F.

G.

Ben

H.

I don't want to go.

1) 첫 번째 열에서 시작되는 그림을 글자 1-10까지 보고, 각 그림에 보이는 순서대로 읽어보세요. 단어를 읽을 때 화살표에서 한 번씩 멈추면서 천천히 읽어요.
그런 다음 학생은 완성된 단어를 같이 모아서 읽어주세요. (선생님 또는 학생이 소리 내어 읽어주세요.)

e 에  u 엉 

1.	j →	e →	t		jet
	즈	에	트		제엘트
2.	J →	e →	ff		Jeff
	즈	에	ff		제에ff
3.	B →	e →	n		Ben
	브	에	은		베엔은
4.	t →	e →	n		ten
	트	에	은		테엔은
5.	h →	e →	n		hen
	헣	에	은		헤엔은
6.	m →	e →	n		men
	음	에	은		메엔은
7.	j →	u →	t		jut
	즈	엉	트		저얼트
8.	f →	u →	ss		fuss
	f	엉	스		f엇스

2) 선생님은 A부터 J까지 그림을 보고 각각 발음되는 글을 화살표에서 멈추면서 천천히 읽어주세요. 학생은 첫 번째 열에서 선생님께서 읽어주시는 글을 보고 읽어요.
3) 학생은 순서대로 글자를 위에서 아래로 읽고 반대로 아래에서 위로 읽고, 여러 번 반복해서 읽는 연습해 보세요.

6

O 앟

A.

B.

C.

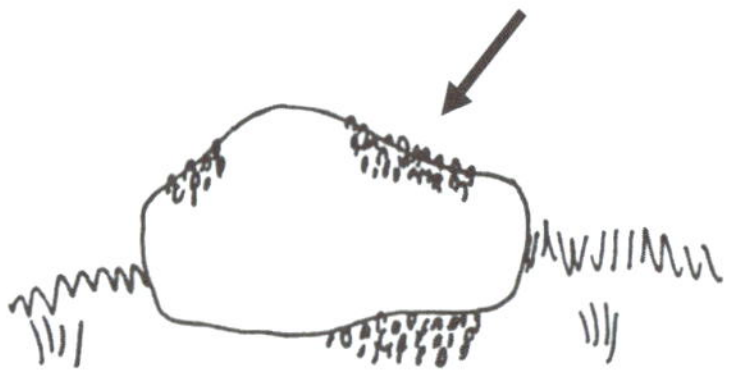

Moss: Tiny plants that grow on rocks, wood, or the ground.

D.

E.

Rot: Get old and fall apart, decay

F.

hello

Jot: Write a quick note

G.

Do <u>not</u> smoke.

H.

I.

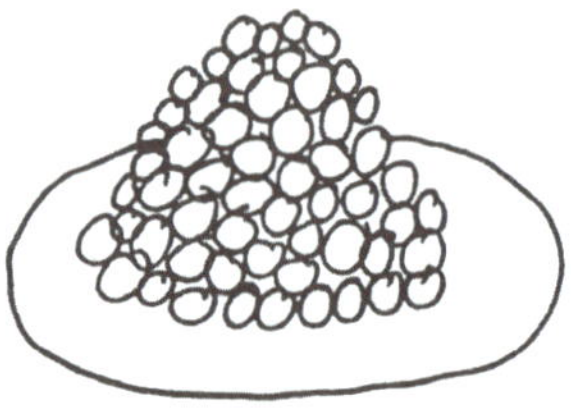

J.

1) 첫 번째 열에서 시작되는 그림을 글자 1-10까지 보고, 각 그림에 보이는 순서대로 읽어보세요. 단어를 읽을 때 화살표에서 한 번씩 멈추면서 천천히 읽어요. 그런 다음 학생은 완성된 단어를 같이 모아서 읽어주세요. (선생님 또는 학생이 소리 내어 읽어주세요.)

o 앟

1.	n → o → t 은 앟 트		not 너얼트
2.	r → o → t 얾 앟 트		rot 뤄얼트
3.	j → o → t 즈 앟 트		jot 저얼트
4.	l → o → t 을 앟 트		lot 러얼트
5.	h → o → t 헣 앟 트		hot 허얼트
6.	t → o → ss 트 앟 스		toss 터얽스
7.	b → o → ss 브 앟 스		boss 버얿스
8.	m → o → ss 음 앟 스		moss 머얿스
9.	o → n 앟 은		on 언은
10.	o → ff 앟 ff		off 어ff

2) 선생님은 A부터 J까지 그림을 보고 각각 발음되는 글을 화살표에서 멈추면서 천천히 읽어주세요. 학생은 첫 번째 열에서 선생님께서 읽어주시는 글을 보고 읽어요.
3) 학생은 순서대로 글자를 위에서 아래로 읽고 반대로 아래에서 위로 읽고, 여러 번 반복해서 읽는 연습해 보세요.

7

o
앙

u
엉

A.

B.

C.

D.

E.

F.

G.

H.

I.

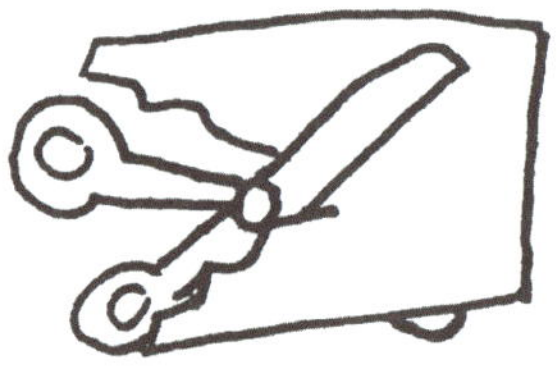

J.

Corn kernels grow on a cob.

1) 첫 번째 열에서 시작되는 그림을 글자 1-10까지 보고, 각 그림에 보이는 순서대로 읽어보세요. 단어를 읽을 때 화살표에서 한 번씩 멈추면서 천천히 읽어요. 그런 다음 학생은 완성된 단어를 같이 모아서 읽어주세요. (선생님 또는 학생이 소리 내어 읽어주세요.)

o 앟 

u 엉 

1. c → o → t　　cot
크　앟　트　　커얼트

2. c → o → b　　cob
크　앟　브　　커업브

3. j → o → b　　job
즈　앟　브　　저업브

4. m → o → m　　mom
음　앟　음　　머엄음

5. f → o → x　　fox
f　앟　콯스　　f억스

6. b → o → x　　box
브　앟　콯스　　버억스

7. o → x　　ox
앟　콯스　　벅스

8. c → u → t　　cut
크　엉　트　　커얼트

9. c → u → b　　cub
크　엉　브　　커업브

10. c → u → ff　　cuff
크　엉　ff　　커엉ff

2) 선생님은 A부터 J까지 그림을 보고 각각 발음되는 글을 화살표에서 멈추면서 천천히 읽어주세요. 학생은 첫 번째 열에서 선생님께서 읽어주시는 글을 보고 읽어요.
3) 학생은 순서대로 글자를 위에서 아래로 읽고 반대로 아래에서 위로 읽고, 여러 번 반복해서 읽는 연습해 보세요.

8

o
앙

u
엉

A.

B.

C.

D.

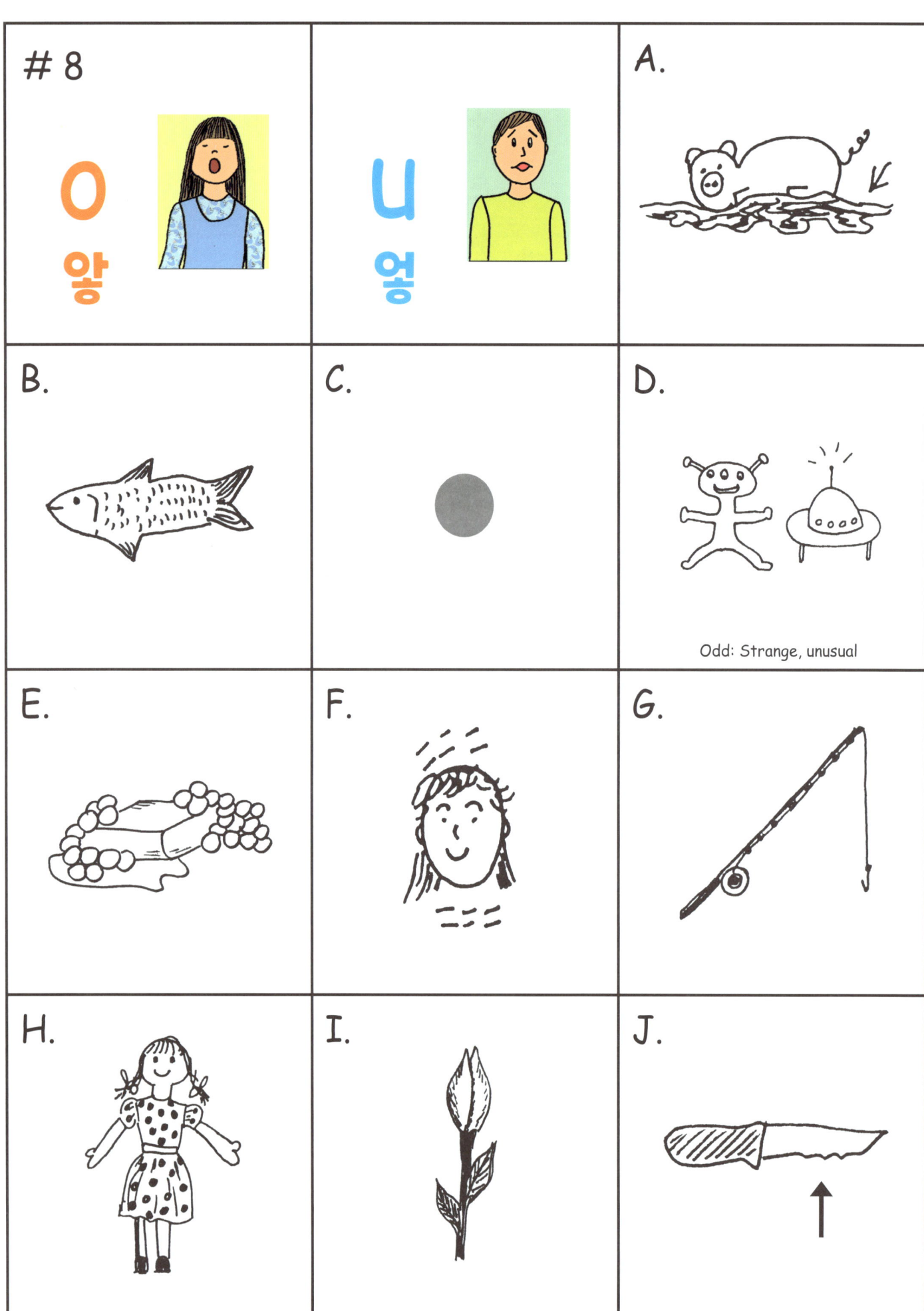

Odd: Strange, unusual

E.

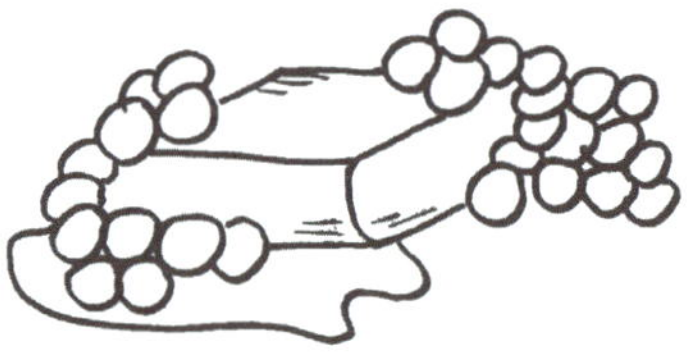

F.

G.

H.

I.

J.

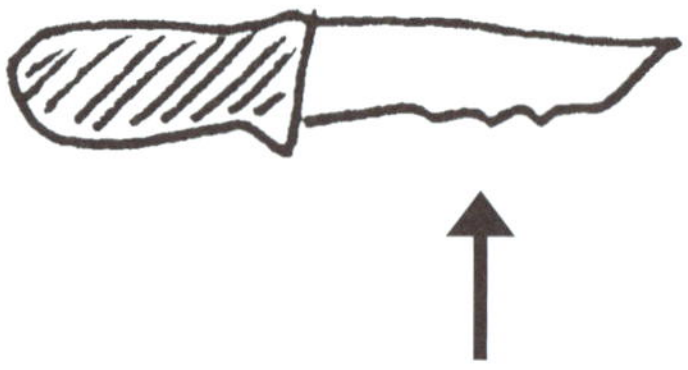

1) 첫 번째 열에서 시작되는 그림을 글자 1-10까지 보고, 각 그림에 보이는 순서대로 읽어보세요. 단어를 읽을 때 화살표에서 한 번씩 멈추면서 천천히 읽어요. 그런 다음 학생은 완성된 단어를 같이 모아서 읽어주세요. (선생님 또는 학생이 소리 내어 읽어주세요.)

o 앟 

u 엉 

1.	r → o → d 얽 앟 드	rod 뤄얻드
2.	n → o → d 은 앟 드	nod 너얻드
3.	c → o → d 크 앟 드	cod 커얻드
4.	o → dd 앟 드	odd 얻드
5.	d → o → t 드 앟 트	dot 더얻트
6.	d → o → ll 드 앟 을	doll 더얼을
7.	d → u → ll 드 엉 을	dull 더얼을
8.	b → u → d 브 엉 드	bud 버얻드
9.	m → u → d 음 엉 드	mud 머얻드
10.	s → u → ds 쓰 엉 드스	suds 써얻스

2) 선생님은 A부터 J까지 그림을 보고 각각 발음되는 글을 화살표에서 멈추면서 천천히 읽어주세요. 학생은 첫 번째 열에서 선생님께서 읽어주시는 글을 보고 읽어요.
3) 학생은 순서대로 글자를 위에서 아래로 읽고 반대로 아래에서 위로 읽고, 여러 번 반복해서 읽는 연습해 보세요.

9

a

아

A.

B.

C.

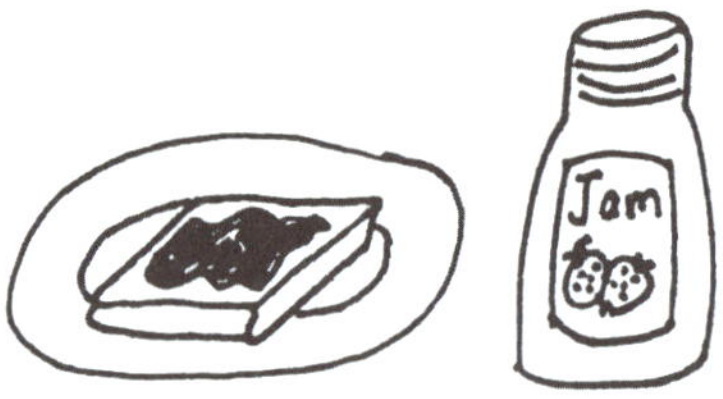
Jam

D.

E.

F.

Welcome

G.

H.

I.

J.

1) 첫 번째 열에서 시작되는 그림을 글자 1-10까지 보고, 각 그림에 보이는 순서대로 읽어보세요. 단어를 읽을 때 화살표에서 한 번씩 멈추면서 천천히 읽어요. 그런 다음 학생은 완성된 단어를 같이 모아서 읽어주세요. (선생님 또는 학생이 소리 내어 읽어주세요.)

a 아

1.	m →	a →	t		mat
	음	아	트		매앹트
2.	r →	a →	t		rat
	얽	아	트		뢔앹트
3.	h →	a →	t		hat
	흫	아	트		해앹트
4.	c →	a →	t		cat
	크	아	트		캐앹트
5.	b →	a →	t		bat
	브	아	트		배앹트
6.	m →	a →	n		man
	음	아	은		매앤은
7.	r →	a →	n		ran
	얽	아	은		뢔앤은
8.	c →	a →	n		can
	크	아	은		캐앤은
9.	j →	a →	m		jam
	즈	아	음		쟤앰음
10.	r →	a →	m		ram
	얽	아	음		뢔앰음

2) 선생님은 A부터 J까지 그림을 보고 각각 발음되는 글을 화살표에서 멈추면서 천천히 읽어주세요. 학생은 첫 번째 열에서 선생님께서 읽어주시는 글을 보고 읽어요.
3) 학생은 순서대로 글자를 위에서 아래로 읽고 반대로 아래에서 위로 읽고, 여러 번 반복해서 읽는 연습해 보세요.

a 아

Sight Words
일견 단어

A
엉

a
엉

A.

B.

C.

D.

E.

F.

G.

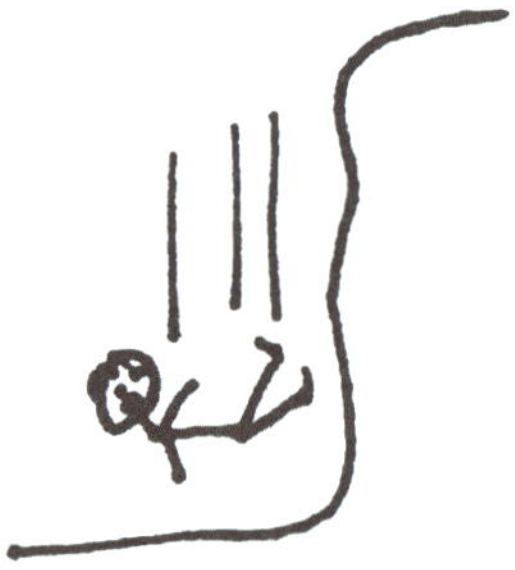

H.

I.

J.

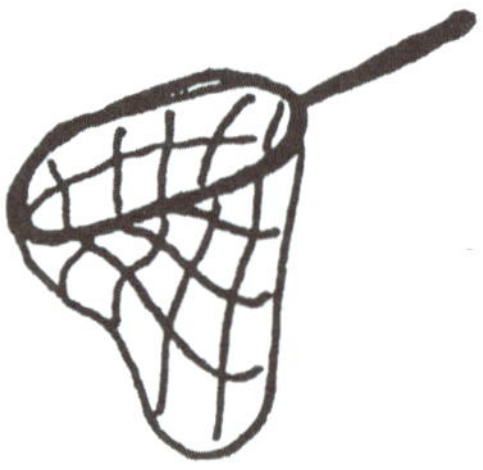

1) 새로운 일견단어를 가르쳐요.

Sent. # 9

1.	A	bus				
	엉	버엇스				
2.	A	box				
	엉	버엌스				
3.	A	net				
	엉	네엘트				
4.	A	can				
	엉	캐앤은				
5.	A	fat	cat.			
	엉	f앨트	캐앨트.			
6.	A	rat	sat.			
	엉	뢔앨트	쌔앨트.			
7.	A	man	ran.			
	엉	매앤은	뢔앤은.			
8.	A	ram	can	run.		
	엉	뢔앰음	캐앤음	뤄언은.		
9.	A	man	fell.			
	엉	매앤은	f엘을.			
10.	A	cat	sat	on	a	mat.
	엉	캐앨트	쌔앨트	언은	엉	매앨트.

2) 각 문장을 읽고, 알맞은 그림을 찾아요.

10

a

아

A.

B.

C.

Vat: A large container for liquids

D.

E.

Dab: To apply paint or lotion by touching gently

F.

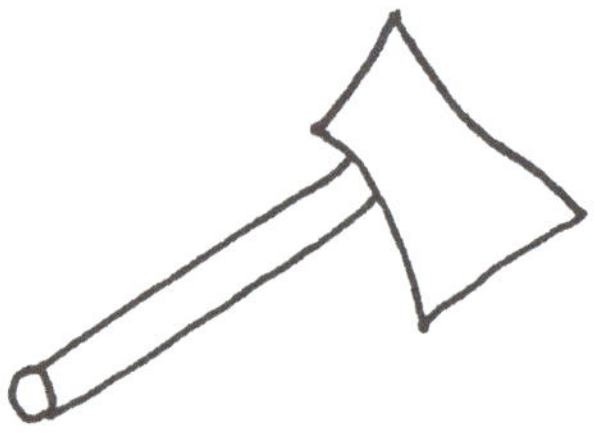

G.

H.

I.

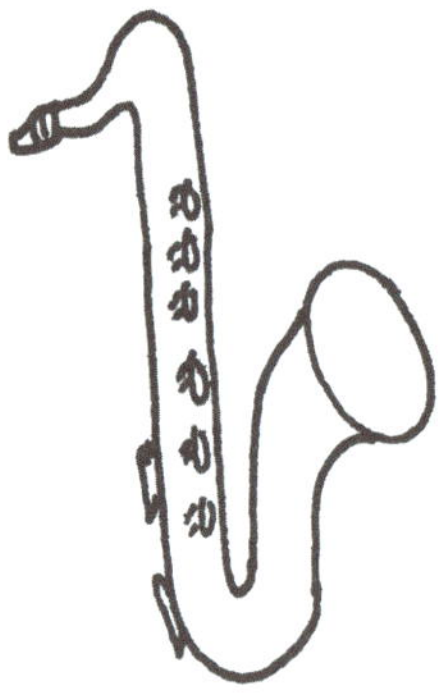

J.

1) 첫 번째 열에서 시작되는 그림을 글자 1-10까지 보고, 각 그림에 보이는 순서대로 읽어보세요. 단어를 읽을 때 화살표에서 한 번씩 멈추면서 천천히 읽어요.
그런 다음 학생은 완성된 단어를 같이 모아서 읽어주세요. (선생님 또는 학생이 소리 내어 읽어주세요.)

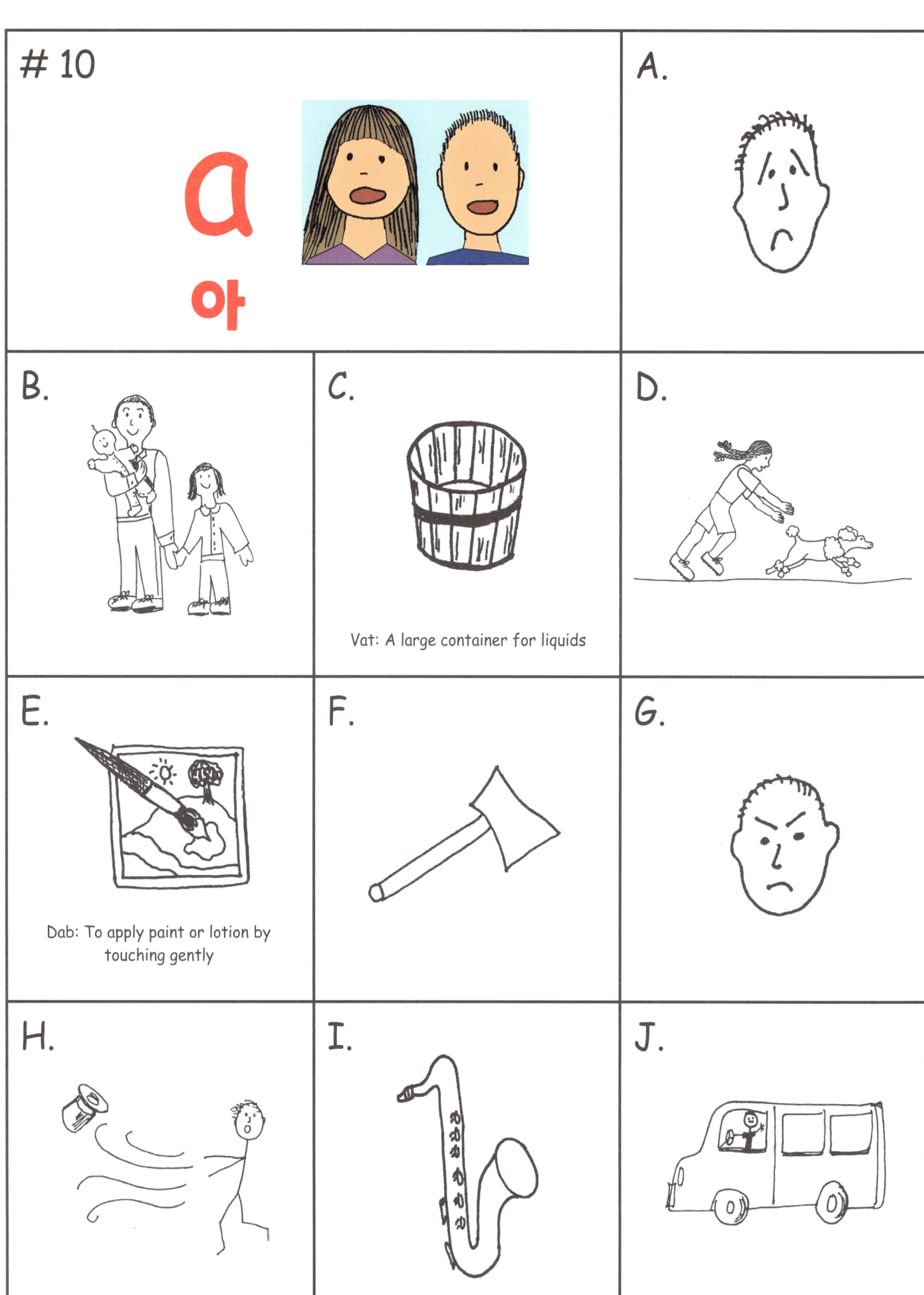

a 아

1.	s 쓰	→	a 아	→	d 드	sad 쌔앧드
2.	m 음	→	a 아	→	d 드	mad 매앧드
3.	d 드	→	a 아	→	d 드	dad 대앧드
4.	h 헝	→	a 아	→	d 드	had 해앧드
5.	v v	→	a 아	→	n 은	van v앤은
6.	v v	→	a 아	→	t 트	vat v앹트
7.	s 쓰	→	a 아	→	x 킁스	sax 쌔액스
8.			a 아	→	x 킁스	ax 액스
9.	d 드	→	a 아	→	b 브	dab 대앱브
10.	n 은	→	a 아	→	b 브	nab 내앱브

2) 선생님은 A부터 J까지 그림을 보고 각각 발음되는 글을 화살표에서 멈추면서 천천히 읽어주세요. 학생은 첫 번째 열에서 선생님께서 읽어주시는 글을 보고 읽어요.
3) 학생은 순서대로 글자를 위에서 아래로 읽고 반대로 아래에서 위로 읽고, 여러 번 반복해서 읽는 연습해 보세요.

Sight Words
일견 단어

a 아

z
as
애즈

z
has
해애즈

A.

B.

C.

D.

mmm

E.

F.

G.

H.

I.

J.

1) 새로운 일견 단어를 가르쳐요. 이전에 배운 일견 단어 글자를 복습해요.

1. Mom has a box.
머엄음 해애줗 엏 버억스.

2. Sam has a sax.
쌔앰음 해애줗 엏 쌔액스.

3. Dan has a bass.
대앤은 해애줗 엏 배앳스.

4. Dad has an ax.
대앧드 해애줗 앤은 액스.

5. Jan had fun.
재앤은 해앧드 f언은.

6. Bess can hum.
베엣스 캐앤은 허엄음.

7. Jeff can dab.
제에ff 캐앤은 대앱브.

8. A cat sat on a van.
엏 캐앹트 쌔앹트 언은 엏 v앤은.

9. Jan can not nab Max.
재앤은 캐앤은 너엍트 내앱브 매액스.

10. A mad cat sat on a rat.
엏 매앧드 캐앹트 쌔앹트 언은 엏 뢔앹트.

2) 각 문장을 읽고, 알맞은 그림을 찾아요.

11

i 이

A.

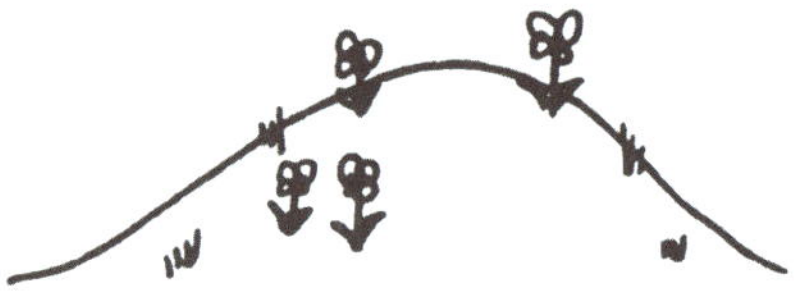

B.

glue

C.

D.

E.

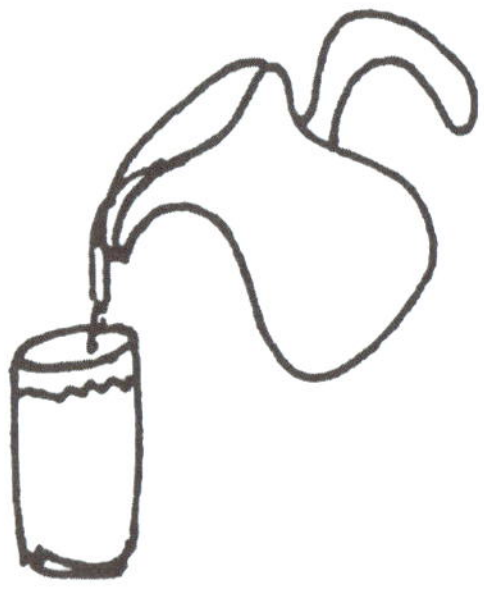

F.

1st

G.

Gill: The part of a fish that allows it to breath under water

H.

The elephant is big.

I.

6

J.

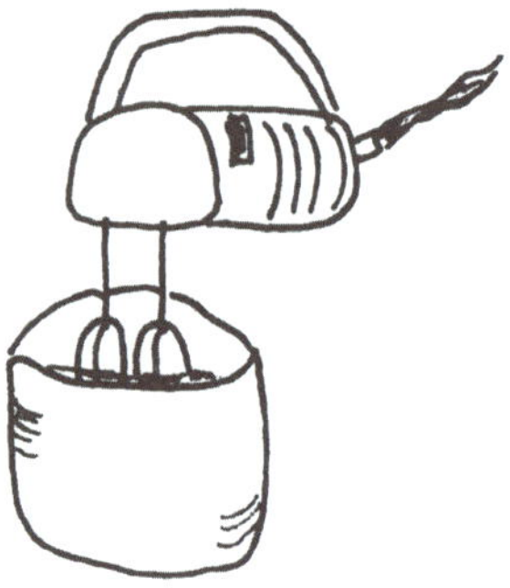

1) 첫 번째 열에서 시작되는 그림을 글자 1-10까지 보고, 각 그림에 보이는 순서대로 읽어보세요. 단어를 읽을 때 화살표에서 한 번씩 멈추면서 천천히 읽어요. 그런 다음 학생은 완성된 단어를 같이 모아서 읽어주세요. (선생님 또는 학생이 소리 내어 읽어주세요.)

i 이 

1.	b → i → g 브 이 궁	big 비익궁
2.	d → i → g 드 이 궁	dig 디익궁
3.	m → i → x 음 이 쿵스	mix 미익스
4.	f → i → x f 이 쿵스	fix f익스
5.	s → i → x 쓰 이 쿵스	six 씨익스
6.	i → n 이 은	in 인은
7.	w → i → n 웅 이 은	win 윙인드
8.	h → i → ll 헝 이 을	hill 힝일을
9.	f → i → ll f 이 을	fill f일을
10.	g → i → ll 궁 이 을	gill 깅일을

2) 선생님은 A부터 J까지 그림을 보고 각각 발음되는 글을 화살표에서 멈추면서 천천히 읽어주세요. 학생은 첫 번째 열에서 선생님께서 읽어주시는 글을 보고 읽어요.
3) 학생은 순서대로 글자를 위에서 아래로 읽고 반대로 아래에서 위로 읽고, 여러 번 반복해서 읽는 연습해 보세요.

i 이

Sight Word
일견 단어

I 아이

A.

B.

23
+51
74

C.

D.

Rig: A tractor trailer truck

E.

$5.00

F.

G.

H.

I.

J.

6

1) 새로운 일견 단어를 가르쳐요. 이전에 배운 일견 단어 글자를 복습해요.

1. I am sad.
아이 앰음 쌔앧드.

2. I will win.
아이 위일을 위인은.

3. I am six.
아이 앰음 씨익스.

4. I can add.
아이 캐앤은 앧드.

5. Jill will fill a box.
지일을 위일을 f 일을 엏 버엌스.

6. Tom has a big rig.
터엄음 해애즇 엏 비익귾 뤼익귾.

7. Bill can dig.
비일을 캐앤은 디익귾.

8. Jan will sell a fan.
재앤은 위일을 쎄엘을 엏 f 앤은.

9. A cat can dig.
엏 캐앹트 캐앤은 디익귾.

10. A cat sat in a box.
엏 캐앹트 쌔앹트 인은 엏 버엌스.

2) 각 문장을 읽고, 알맞은 그림을 찾아요.

12

i 이

A.

B.

It is pretty.

C.

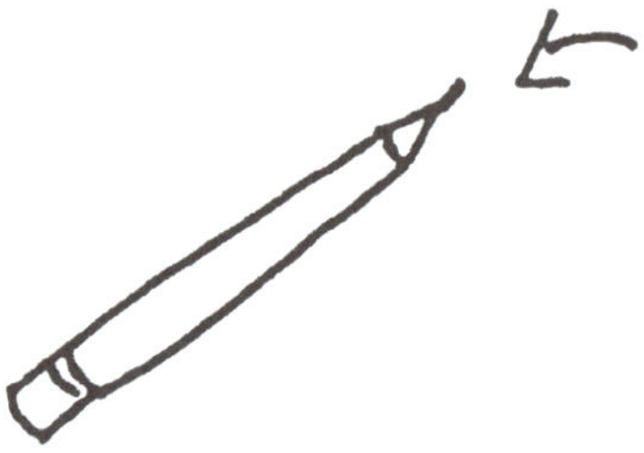

D.

E.

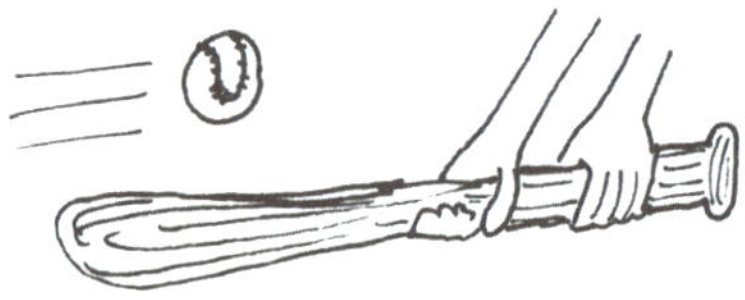

F.

G

ssss

H.

I.

J.

1) 첫 번째 열에서 시작되는 그림을 글자 1-10까지 보고, 각 그림에 보이는 순서대로 읽어보세요. 단어를 읽을 때 화살표에서 한 번씩 멈추면서 천천히 읽어요. 그런 다음 학생은 완성된 단어를 같이 모아서 읽어주세요. (선생님 또는 학생이 소리 내어 읽어주세요.)

i 이 

1.	s 쓰	→	i 이	→	p 풍	sip 씨잎풍
2.	r 얽	→	i 이	→	p 풍	rip 뤼잎풍
3.	t 트	→	i 이	→	p 풍	tip 티잎풍
4.	p 풍	→	i 이	→	g 궁	pig 핑익궁
5.	h 헝	→	i 이	→	m 음	him 힝임음
6.			i 이	→	t 트	it 잍트
7.	b 브	→	i 이	→	t 트	bit 브잍트
8.	s 쓰	→	i 이	→	t 트	sit 씨잍트
9.	m 음	→	i 이	→	ss 스	miss 미잇스
10.	h 헝	→	i 이	→	ss 스	hiss 힝잇스

2) 선생님은 A부터 J까지 그림을 보고 각각 발음되는 글을 화살표에서 멈추면서 천천히 읽어주세요. 학생은 첫 번째 열에서 선생님께서 읽어주시는 글을 보고 읽어요.
3) 학생은 순서대로 글자를 위에서 아래로 읽고 반대로 아래에서 위로 읽고, 여러 번 반복해서 읽는 연습해 보세요.

Sight Words
일견 단어

Ī 아이

is
이즈

his
히이즈

A

ssss

B.

C.

D.

E.

F.

G.

H.

I.
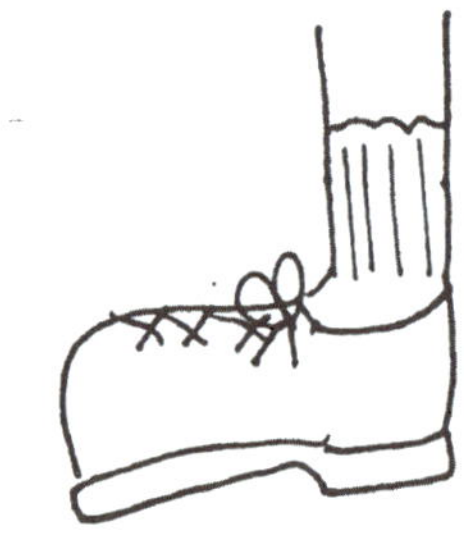

J.

1) 새로운 일견 단어를 가르쳐요. 이전에 배운 일견 단어 글자를 복습해요.

Sent. # 12

1. I will mix it.
아이 위일을 미익스 읻트.

2. I can fix it.
아이 캐앤은 f익스 읻트.

3. I will miss him.
아이 위일을 미이스 히임음.

4. A web is on a bell.
엉 웨엡브 이줗 언은 엉 브엘을.

5. It can run.
읻트 캐앤은 뤄언은.

6. It can not run. It can hiss.
읻트 캐앤은 너얻트 뤄언은 읻트 캐앤은 힣이스.

7. Will it fit? It will fit.
위일을 읻트 f읻트 읻트 위일을 f읻트.

8. Jeff is on his bus.
제에ff 이줗 언은 히이줗 버엇스.

9. Tim is in his tub.
티임음 이줗 인은 히이줗 터업브.

10. A big pig has a wig.
엉 비익궁 핑익궁 해애줗 엉 위익궁.

2) 각 문장을 읽고, 알맞은 그림을 찾아요.

13

i
이

o
앙

A.

B.

C.

D.

E.

CD-R

F.

G.

H.

I.

J.

1) 첫 번째 열에서 시작되는 그림을 글자 1-10까지 보고, 각 그림에 보이는 순서대로 읽어보세요. 단어를 읽을 때 화살표에서 한 번씩 멈추면서 천천히 읽어요.
그런 다음 학생은 완성된 단어를 같이 모아서 읽어주세요. (선생님 또는 학생이 소리 내어 읽어주세요.)

i 이 

o 앟 

1.	k	→	i	→	ss	kiss
	쿵		이		스	킝잇스
2.	k	→	i	→	d	kid
	쿵		이		드	킝읻드
3.	h	→	i	→	d	hid
	헝		이		드	힁읻드
4.	d	→	i	→	d	did
	드		이		드	디읻드
5.	r	→	i	→	d	rid
	엃		이		드	뤼읻드
6.	l	→	o	→	g	log
	을		앟		궁	러억궁
7.	d	→	o	→	g	dog
	드		앟		궁	더억궁
8.	g	→	o	→	t	got
	궁		앟		트	겅읕트
9.	h	→	o	→	p	hop
	헝		앟		풍	헝엎풍
10.	p	→	o	→	t	pot
	풍		앟		트	펑얼트

2) 선생님은 A부터 J까지 그림을 보고 각각 발음되는 글을 화살표에서 멈추면서 천천히 읽어주세요. 학생은 첫 번째 열에서 선생님께서 읽어주시는 글을 보고 읽어요.
3) 학생은 순서대로 글자를 위에서 아래로 읽고 반대로 아래에서 위로 읽고, 여러 번 반복해서 읽는 연습해 보세요.

Sight Words
일견 단어

I	is (z)	his (z)
아이	이즈	히이즈

A.

B.

C.

D.

E.

F.

G.

H.

I.

J.

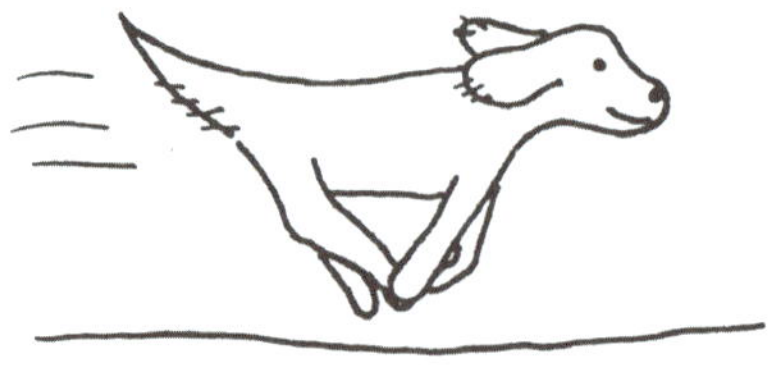

1) 새로운 일견 단어를 가르쳐요. 이전에 배운 일견 단어 글자를 복습해요.

Sent. # 13

1. A kid hid.
엏 큉읻드 휭읻드.

2. It can hop.
읻트 캐앤은 혷엎풍.

3. Mom will mop.
머엄음 위일을 머엎풍.

4. Moss is on a log.
머엇스 이즇 언은 엏 러억긓.

5. Kim will kiss him.
키임음 위일을 큉잇스 히임음.

6. Jim did his job.
지임음 디읻드 히이즇 저업브.ㅏ

7. A lid is on a pot.
엏 리읻드 이즇 언은 엏 풩얼트.

8. A dog can run.
엏 더억긓 캐앤은 뤄언은.

9. A dog is on a log.
엏 더억긓 이즇 언은 엏 러억긓.

10. Bill is on a hill top.
비일을 이즇 언은 엏 히일을 터엎풍.

2) 각 문장을 읽고, 알맞은 그림을 찾아요.

Sight Words
일견 단어

I	is	his
아이	이즈	히이즈

A.

B.

C.

D.

E.

F.

G.

H.

I.

J.

1) 새로운 일견 단어를 가르쳐요. 이전에 배운 일견 단어 글자를 복습해요.

e 에 

1.	r 엃	→	e 에	→	d 드	red 뤠엘드
2.	b 브	→	e 에	→	d 드	bed 베엘드
3.	y 이	→	e 에	→	s 스	yes 예엣스
4.	y 이	→	e 에	→	ll 을	yell 예엘을
5.	k 쿵	→	e 에	→	g 궁	keg 켕엑궁
6.	g 궁	→	e 에	→	t 트	get 겡엘트
7.	v v	→	e 에	→	t 트	vet v엘트
8.	p 풍	→	e 에	→	t 트	pet 펭엘트
9.	p 풍	→	e 에	→	n 은	pen 펭엔은
10.	d 드	→	e 에	→	n 은	den 데엔은

2) 선생님은 A부터 J까지 그림을 보고 각각 발음되는 글을 화살표에서 멈추면서 천천히 읽어주세요. 학생은 첫 번째 열에서 선생님께서 읽어주시는 글을 보고 읽어요.
3) 학생은 순서대로 글자를 위에서 아래로 읽고 반대로 아래에서 위로 읽고, 여러 번 반복해서 읽는 연습해 보세요.

Sight Words
일견 단어

I	is (z)	his (z)
아이	이즈	히이즈

A.

B.

C.

D.

E.

F.

G.

H.

I.

J.

1) 새로운 일견 단어를 가르쳐요. 이전에 배운 일견 단어 글자를 복습해요.

Sent. # 14

1. A cub is in his den.
엉 커업브 이즇 인은 히이즇 데엔은.

2. Ed fed him.
에드 f엗드 히임음

3. I will get it.
아이 위일을 겡엗트 읻트.

4. Ben is a vet.
베엔은 이즇 엉 v엗트.

5. A dog bit his leg.
엉 더억긓 비읻트 히이즇 레엑긓.

6. A cat is on a keg.
엉 캐앧트 이즇 언은 엉 켕엑긓.

7. Jeff is on his jet.
제에ff 이즇 언은 히이즇 제엗트.

8. Jill is in bed. Jill is ill.
지일을 이즇 인은 베엗드. 지일을 이즇 일을.

9. A dog can beg.
엉 더억긓 캐앤은 베엑긓.

10. Ed fell. Ed will yell.
에드 f엘을. 에드 위일을 예엘을.

2) 각 문장을 읽고, 알맞은 그림을 찾아요.

15

a 아

A.

Pick up!

Nag: Tell someone what to do many times.

B.

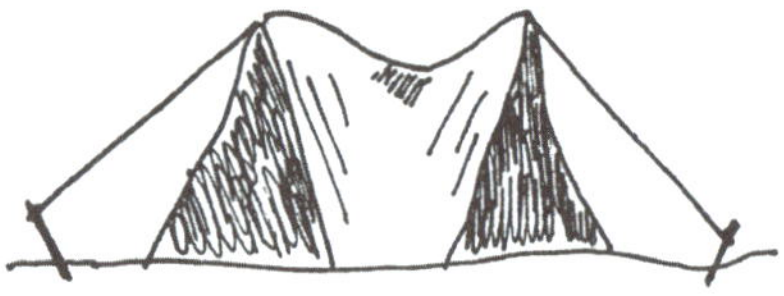

Sag: Hang down, droop

C.

D.

E.

F.

G.

Lag: To fall behind

H.

$5.00

I.

J.

1) 첫 번째 열에서 시작되는 그림을 글자 1-10까지 보고, 각 그림에 보이는 순서대로 읽어보세요. 단어를 읽을 때 화살표에서 한 번씩 멈추면서 천천히 읽어요. 그런 다음 학생은 완성된 단어를 같이 모아서 읽어주세요. (선생님 또는 학생이 소리 내어 읽어주세요.)

a 아

1.	r → a → g			rag
	얽	아	긓	뢔액긓
2.	s → a → g			sag
	쓰	아	긓	쌔액긓
3.	l → a → g			lag
	을	아	긓	래액긓
4.	n → a → g			nag
	은	아	긓	내액긓
5.	w → a → g			wag
	웋으	아	긓	왱액긓
6.	b → a → g			bag
	브	아	긓	배액긓
7.	t → a → g			tag
	트	아	긓	태액긓
8.	g → a → s			gas
	긓	아	스	갱앳스
9.	p → a → ss			pass
	풓	아	스	팽앳스
10.	p → a → n			pan
	풓	아	은	팽앤은

2) 선생님은 A부터 J까지 그림을 보고 각각 발음되는 글을 화살표에서 멈추면서 천천히 읽어주세요. 학생은 첫 번째 열에서 선생님께서 읽어주시는 글을 보고 읽어요.
3) 학생은 순서대로 글자를 위에서 아래로 읽고 반대로 아래에서 위로 읽고, 여러 번 반복해서 읽는 연습해 보세요.

Sight Words
일견 단어

z **as** 애즈	z **has** 해애즈

A.

B.

C.

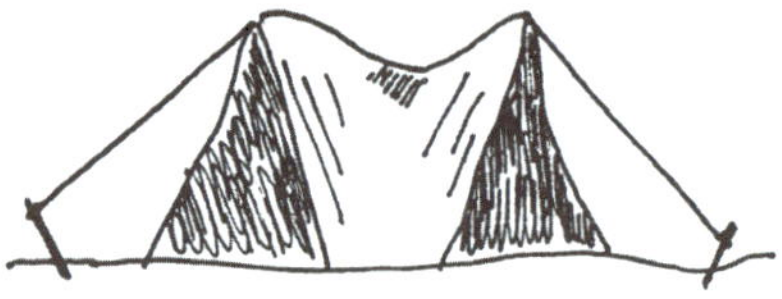

D.

E.

F.

G.

H.

I.

J.

Microwave
Oven

1) 새로운 일견 단어를 가르쳐요. 이전에 배운 일견 단어 글자를 복습해요.

1. Max can wag.
매액스 캐앤은 왜액궁.

2. A man has a hat.
엉 매앤은 해애중 엉 해앹트.

3. Did it sag ?
디읻드 읻트 쌔액궁?

4. A van has gas.
엉 v앤은 해애중 갱앳스.

5. A bag fell.
엉 브액궁 f엘을.

6. Nan has a pan.
내앤은 해애중 엉 풍앤은

7. A cat got on a box.
엉 캐앹트 겅얼트 언은 엉 버억스.

8. Rob is sad.
뤄업브 이중 쌔앤드.

9. Pam has a cat.
퍵앰음 해애중 엉 캐앹트.

10. I hit it.
아이 힣읻트 읻트.

2) 각 문장을 읽고, 알맞은 그림을 찾아요.

16

a 아

A.

Yap: High pitched bark

B.

C.

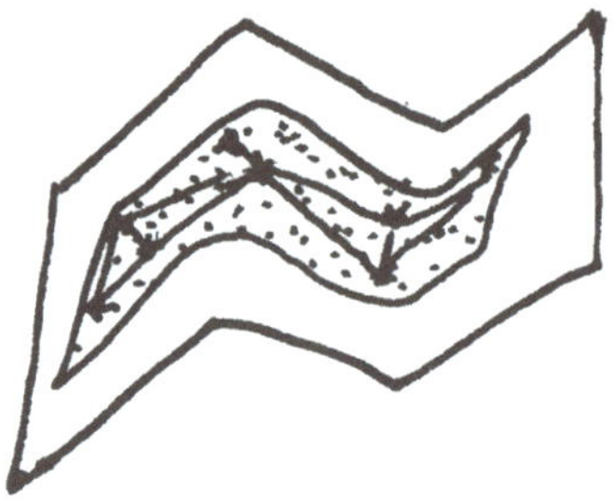

D.

Zap: To strike with sudden force.

E.

F.

G.

H.

I.

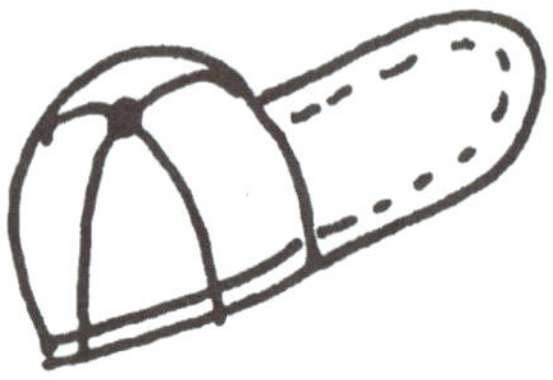

J.

1) 첫 번째 열에서 시작되는 그림을 글자 1-10까지 보고, 각 그림에 보이는 순서대로 읽어보세요. 단어를 읽을 때 화살표에서 한 번씩 멈추면서 천천히 읽어요.
그런 다음 학생은 완성된 단어를 같이 모아서 읽어주세요. (선생님 또는 학생이 소리 내어 읽어주세요.)

a 아

1.	m 음	→	a 아	→	p 픟	map 매앺픟
2.	n 은	→	a 아	→	p 픟	nap 내앺픟
3.	z 즣	→	a 아	→	p 픟	zap 즣앺픟
4.	t 트	→	a 아	→	p 픟	tap 태앺픟
5.	c 크	→	a 아	→	p 픟	cap 캐앺픟
6.	g 긓	→	a 아	→	p 픟	gap 갱앺픟
7.	y 이	→	a 아	→	p 픟	yap 얘앺픟
8.	p 픟	→	a 아	→	t 트	pat 패앹트
9.	p 픟	→	a 아	→	l 을	pal 패앨을
10.	p 픟	→	a 아	→	d 드	pad 패앧드

2) 선생님은 A부터 J까지 그림을 보고 각각 발음되는 글을 화살표에서 멈추면서 천천히 읽어주세요. 학생은 첫 번째 열에서 선생님께서 읽어주시는 글을 보고 읽어요.
3) 학생은 순서대로 글자를 위에서 아래로 읽고 반대로 아래에서 위로 읽고, 여러 번 반복해서 읽는 연습해 보세요.

Sight Words
일견 단어

z	z	z
as	has	was
애즈	해애즈	워엉즈

A.

B.

C.

D.

E.

F.

G.

H.

I.

To Mom
With Love

J.

1) 새로운 일견 단어를 가르쳐요. 이전에 배운 일견 단어 글자를 복습해요.

1. A man was mad.
엉 매앤은 워엉줗 매앧드.

2. A dog was hot.
엉 더억궁 워엉줗 헣얼트.

3. A tag was on a bag.
엉 태액궁 워엉줗 언은 엉 배액궁.

4. A man has a map.
엉 매앤은 해애줗 엉 매앺풍.

5. Pam had a nap.
팽앰음 해앧드 엉 내앺풍.

6. Jim has a cap.
지임음 해애줗 엉 캐앺풍.

7. Jim has a gap.
지임음 해애줗 엉 캐앺풍.

8. It was a big mess.
읻트 워엉줗 엉 지임음 메엣스.

9. Matt has a pal.
매앹트 해애줗 엉 팽앨을.

10. A hat was on a cat.
엉 해앹트 워엉줗 언은 엉 캐앹트.

2) 각 문장을 읽고, 알맞은 그림을 찾아요.

Suffix Study
접미사 학습

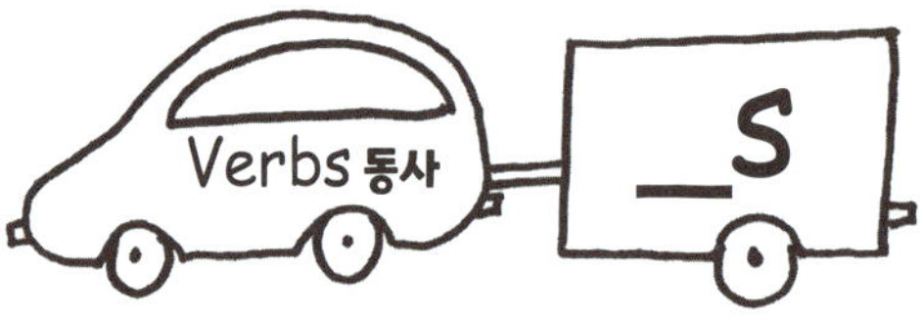
Verbs 동사
_s

끝에 _s가 동사 끝에 붙으면(동작 동사) 사람이나 사물의 대한 동작을 의미해요. 각 단어를 소리 내어 읽으면서 연습해보세요.

1.	run 뤄언은	→	s 즈	runs 뤄언즈
2.	sit 씨잍트	→	s 스	sits 씨잍스
3.	tap 태앺풀	→	s 스	taps 태앺스
4.	jog 저억궁	→	s 즈	jogs 저억즈
5.	get 겡엘트	→	s 스	gets 겡엘스
6.	fill f 일을	→	s 즈	fills f 일즈

첫 번째 열에서부터 글을 읽고, 글 뒤에 _s 끝에 붙어 읽어요. 단어를 반복해서 읽고 두 번째 열도 같이 읽어요.

Suffix Study
접미사 학습

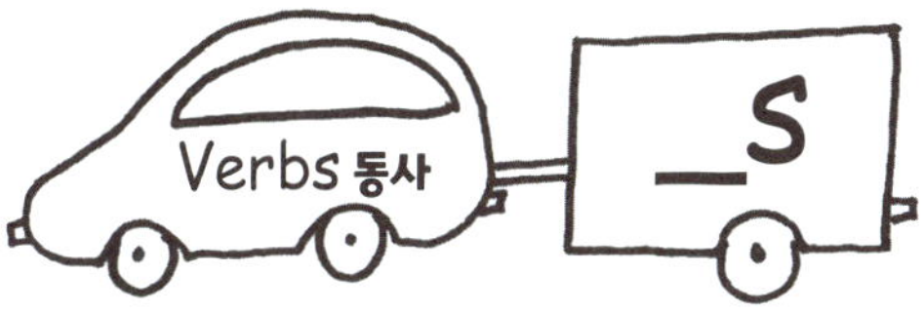
Verbs 동사
_s

문장을 읽으세요.

1. A pet gets wet.
   엉 페엘트 게엘스 웨엘트.

2. Gus runs a lap.
   거엇스 뤄언줗 엉 래앺풍

3. A cat sits on a van.
   엉 캐앨트 씨잍스 언은 엉 v앤은.

4. It pops.
   잍트 퍼엎스.

5. A dog runs.
   엉 더억궁 뤈언줗.

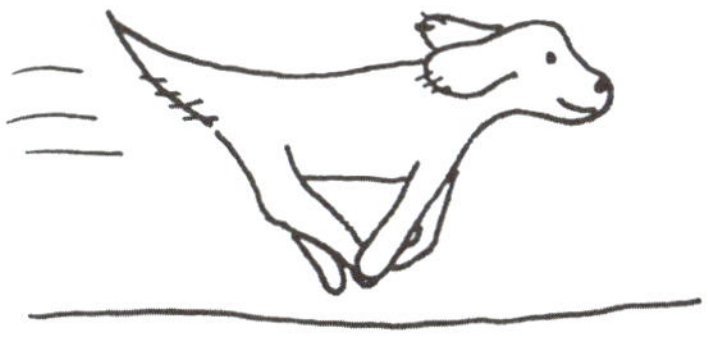

6. A cat digs.
   엉 캐앨트 디익줗.

문장을 소리내어 읽어주세요.

17

니 엉

A.

B.

C.

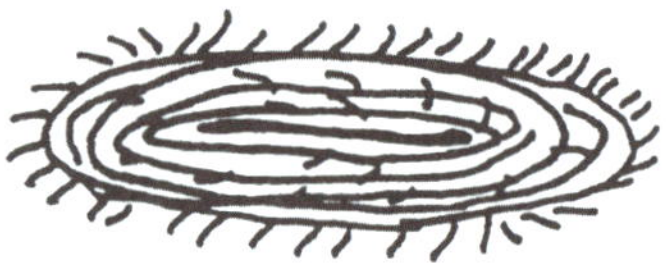

D.

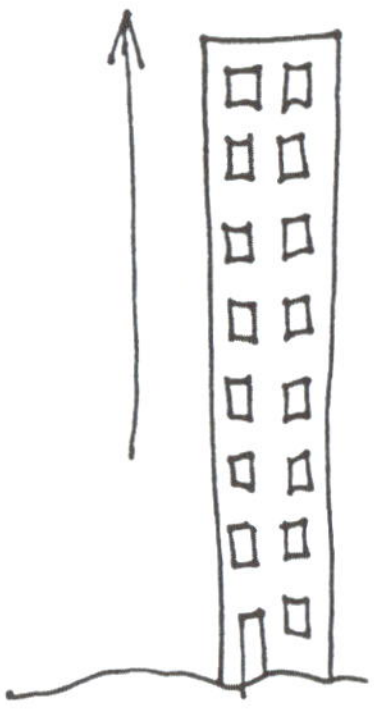

E.

F.

G.

H.

I.

J.

1) 첫 번째 열에서 시작되는 그림을 글자 1-10까지 보고, 각 그림에 보이는 순서대로 읽어보세요. 단어를 읽을 때 화살표에서 한 번씩 멈추면서 천천히 읽어요. 그런 다음 학생은 완성된 단어를 같이 모아서 읽어주세요. (선생님 또는 학생이 소리 내어 읽어주세요.)

u 엉

1.	d 드	→	u 엉	→	g 궁	dug 더억궁
2.	b 브	→	u 엉	→	g 궁	bug 브억궁
3.	r 엃	→	u 엉	→	g 궁	rug 뤄억궁
4.	j 즈	→	u 엉	→	g 궁	jug 저억궁
5.	g 궁	→	u 엉	→	ll 을	gull 거얼을
6.			u 엉	→	p 풍	up 엎풍
7.	c 크	→	u 엉	→	p 풍	cup 커엎풍
8.	p 풍	→	u 엉	→	p 풍	pup 퍼엎풍
9.	p 풍	→	u 엉	→	tt 트	putt 퍼얻트
10.	p 풍	→	u 엉	→	ff ff	puff 퍼엉ff

2) 선생님은 A부터 J까지 그림을 보고 각각 발음되는 글을 화살표에서 멈추면서 천천히 읽어주세요. 학생은 첫 번째 열에서 선생님께서 읽어주시는 글을 보고 읽어요.
3) 학생은 순서대로 글자를 위에서 아래로 읽고 반대로 아래에서 위로 읽고, 여러 번 반복해서 읽는 연습해 보세요.

Sight Words
일견 단어

as	has	was
애즈	해애즈	워엉즈

A.

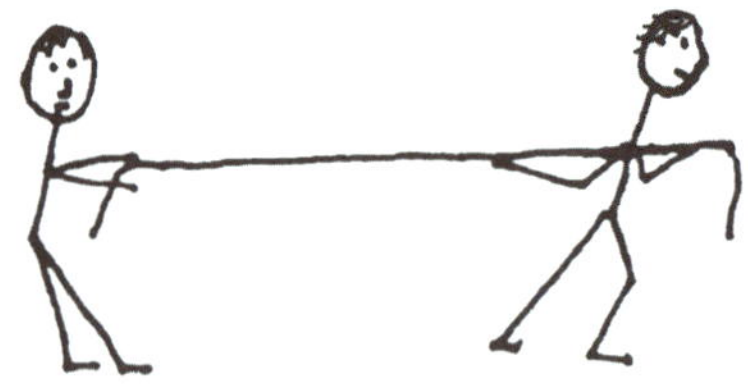

B.

C.

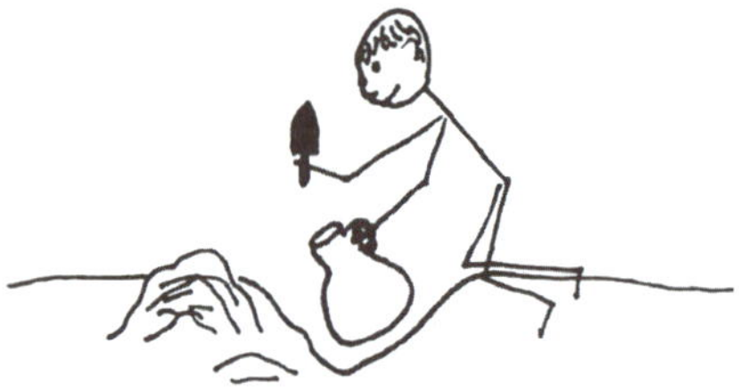

D.

E.

F.

G.

H.

I.

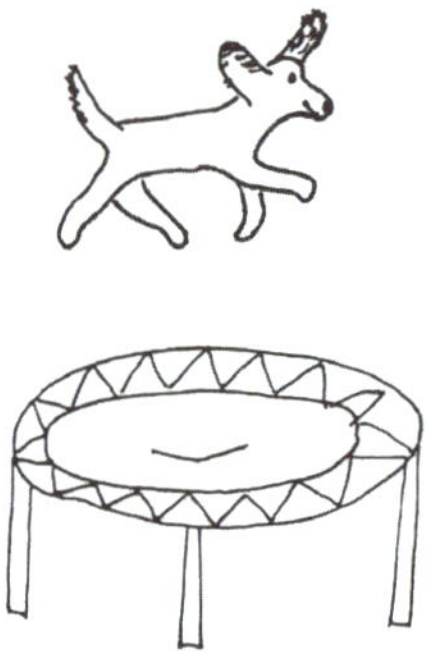

J.

1) 새로운 일견 단어를 가르쳐요. 이전에 배운 일견 단어 글자를 복습해요.

Sent. # 17

1. Nan was at a lab.
내앤은 워엊줗 앨트 엊 래앱브.

2. A bug was on a rug.
엊 버엌궁 워엊줗 언은 엊 뤄엌궁.

3. I can run up a hill.
아이 캐앤은 뤄언은 엎풍 엊 히일을.

4. Gus will tug on it.
거엇스 위일을 터엌궁 언은 잍트.

5. I will huff and puff.
아이 위일을 허엊ff 애은드 퍼엊ff.

6. I can putt it.
아이 캐앤은 퍼엍트 잍트.

7. Pam was hot.
패앰음 워엊줗 허엍트.

8. Jeff was not hot.
제에ff 워엊줗 너엍트 허엍트.

9. A pup is up.
엊 퍼엎풍 이줗 엎풍.

10. A man dug up a jug.
엊 매앤은 더엌그 엎풍 엊 저엌궁.

2) 각 문장을 읽고, 알맞은 그림을 찾아요.

Suffix Study
접미사 학습

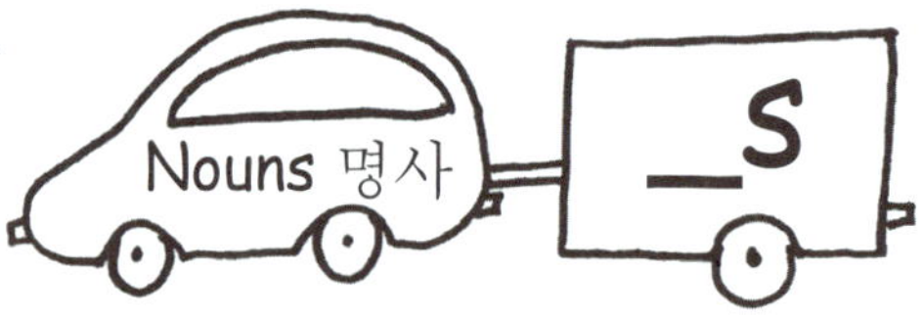

Nouns 명사
_s

끝에 _s가 명사 끝에 붙으면(단어는 사람의 이름, 장소, 또는 물건) 하나 이상의 것이 있음을 의미해요. 각 단어를 소리 내어 읽으면서 연습해요.

1. cat 캐앹트  cats 캐앹스 

2. dog 더엌궁  dogs 더엌중 

3. hill 히일을 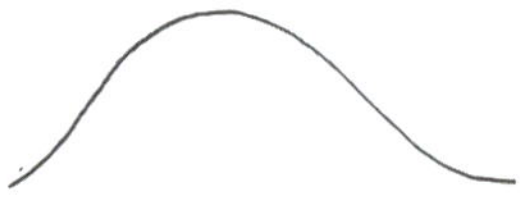 hills 히일중 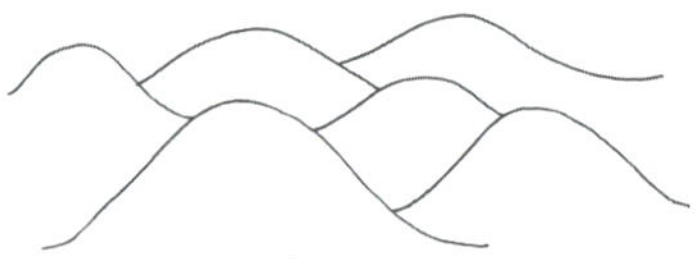

4. cup 커엎풍  cups 커엎스 

5. egg 엑궁  eggs 엑중 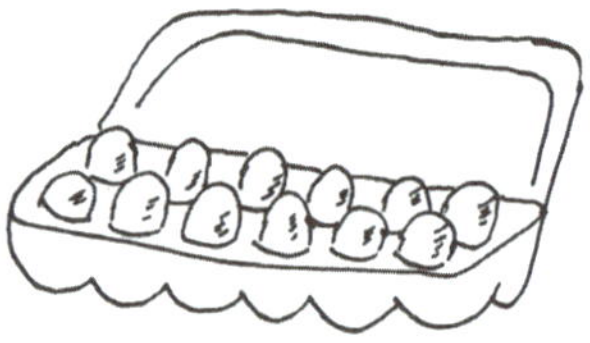

6. kid 키읻드  kids 키읻중 

첫 번째 열에서 부터 글을 읽고, 글 뒤에 _s 끝에 부쳐 읽어주세요. 단어를 반복해서 읽고 두 번째 열도 같이 읽어요.

Suffix Study
접미사 학습

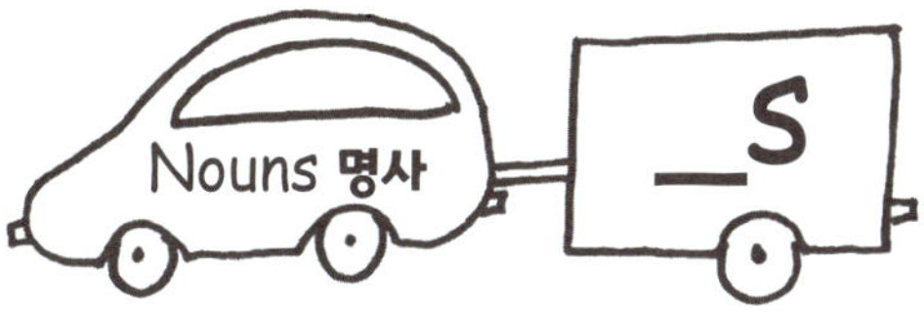
Nouns 명사
_s

문장을 읽으세요.

1. Six kids hid.
씨읶스 키읻즈 히읻드.

2. Gus fed his cats.
거엇스 f엗드 히이즈 캐앹스.

3. Ed will pet his dogs.
에드 위일을 페엩트 히이즈 더억즈.

4. Ten cups fell.
테엔은 커엎스 f엘을.

5. Tom ran six laps.
터엄음 뢔앤은 씨읶스 래앺스.

6. Six pigs got wet.
씨읶스 피익즈 거엍트 웨엩트.

문장을 소리내어 읽어주세요.

18

a e i u

아 에 이 엉

A.

B.

I quit!

C.

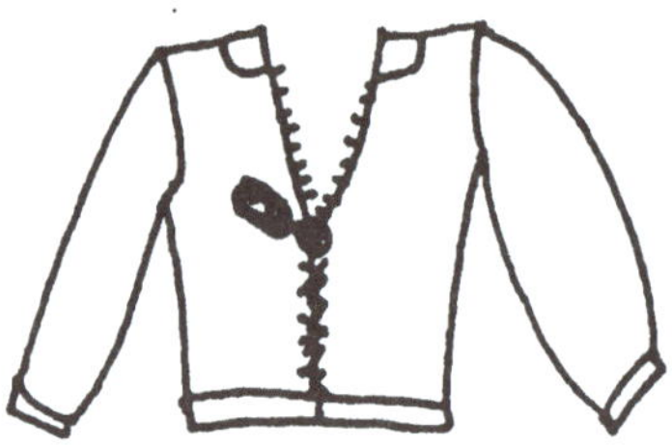

D.

Quill: A large feather that can be used as a pen.

E.

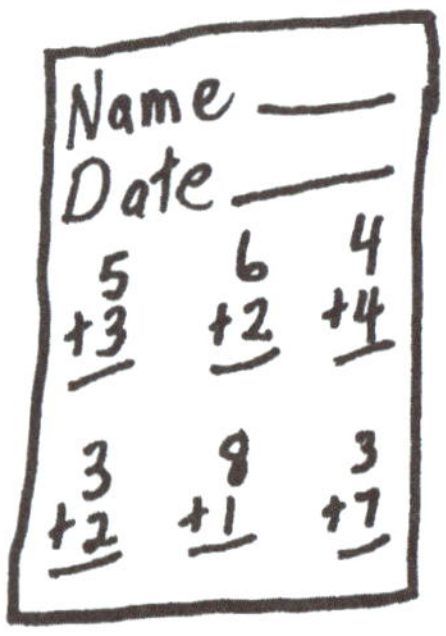
Name
Date

F.

G.

Fez: A man's hat worn in Egypt

H.

I.

J.

1) 첫 번째 열에서 시작되는 그림을 글자 1-10까지 보고, 각 그림에 보이는 순서대로 읽어보세요. 단어를 읽을 때 화살표에서 한 번씩 멈추면서 천천히 읽어요. 그런 다음 학생은 완성된 단어를 같이 모아서 읽어주세요. (선생님 또는 학생이 소리 내어 읽어주세요.)

1.	j → a → zz 즈 아 즣				jazz 재앳즣
2.	b → u → zz 브 엉 즣				buzz 버엇즣
3.	f → u → zz f 엉 즣				fuzz f엇즣
4.	f → e → z f 에 즣				fez f엣즣
5.	z → i → p 즣 이 픃				zip 짛잎픃
6.	f → i → zz f 이 즣				fizz f잇즣
7.	qu → i → z 쿠우 이 즣				quiz 퀴잇즣
8.	qu → i → t 쿠우 이 트				quit 퀴잍트
9.	qu → i → ll 쿠우 이 을				quill 퀴일을
10.	qu → i → l → t 쿠우 이 을 트				quilt 퀴일을트

2) 선생님은 A부터 J까지 그림을 보고 각각 발음되는 글을 화살표에서 멈추면서 천천히 읽어주세요. 학생은 첫 번째 열에서 선생님께서 읽어주시는 글을 보고 읽어요.
3) 학생은 순서대로 글자를 위에서 아래로 읽고 반대로 아래에서 위로 읽고, 여러 번 반복해서 읽는 연습해 보세요.

Sight Words
일견 단어

as — 애즈

has — 해애즈

was — 워엉즈

A.

B.

C.

D.

E.

F.

G.

H.

I.

J.

1) 새로운 일견 단어를 가르쳐요. 이전에 배운 일견 단어 글자를 복습해요.

Sent. # 18

1. It has fuzz on it.
   일트 해애즈 f얼즈 언은 일트.

2. Ben has a nap.
   베엔은 해애즈 얼 내앺풍.

3. Meg has a pet.
   메엑궁 해애즈 얼 페엘트.

4. A man has a fez.
   얼 매앤은 해애즈 얼 f에즈.

5. Bess has a quiz.
   베엣스 해애즈 얼 퀴잇즈.

6. It can buzz.
   일트 캐앤은 버얼즈.

7. Bill will zip it.
   비일을 위일을 쥥잎풍 일트.

8. Pat was at bat.
   팽앨트 워얼즈 앨트 배앨트.

9. A man was in a hut.
   얼 매앤은 워얼즈 인은 얼 허얼트.

10. It was not on. It was off.
    일트 워얼즈 너얼트 언은. 일트 워얼즈 얼ff.

2) 각 문장을 읽고, 알맞은 그림을 찾아요.

Suffix Study

접미사 학습

_'s

끝에 _s가 명사 끝에 붙으면 소유의 의미를 지닐 때도 있어요. 사람 또는 물건에 소유되는 것을 의미해요.

1. Sam's cat
   쌔앰음 '층 캐앹트

2. Pam's pan
   팽앰음 '층 패앤은

3. Ben's cap
   베엔은 '층 캐앺픙

4. Jill's doll
   지일을 '층 더얼을

5. Tom's van
   터엄음 '층 v앤은

6. Meg's dog
   메엑긍 '층 더억긍

첫 번째 열에서 부터 글을 읽고, 글 뒤에 _'s 끝에 부쳐 읽어주세요. 단어를 반복해서 읽고 두 번째 열도 같이 읽어요.

Suffix Study
접미사 학습

_'s

1. Jeff will get dad's map.
   제에ff 위일을 겥엘트 대앧대'스 매앺풍.

2. Ben's cap is red.
   베엔은'스 캐앺풍 이스 뤠엘드.

3. Ed's dog will win.
   에드'스 더억궁 위일을 위인은.

4. I will wax dad's van.
   아이 위일을 왜액스 대앧대'스 v앤은.

5. Sam's cat is on his bed.
   쌔앰음'스 캐앹트 이스 언은 히이스 베엗드.

6. Mom's box is big.
   머엄음'스 버억스 이스 비익궁.

문장을 소리내어 읽어세요.

Mixed Short Vowel Words And Sentences - 그림과 단어의 답안지 페이지의 숫자로 정리함.

30-31	32-33	34-35	36-37	38-39	40-41	42-43	44-45	46-47	48-49
u	u	e	e, u	e, u	o	o, u	o, u	a	Sent.
1 - G	1 - C	1 - B	1 - H	1 - F	1 - G	1 - F	1 - G	1 - F	1 - E
2 - F	2 - H	2 - E	2 - D	2 - C	2 - E	2 - J	2 - F	2 - A	2 - I
3 - B	3 - I	3 - D	3 - F	3 - G	3 - F	3 - B	3 - B	3 - J	3 - J
4 - D	4 - D	4 - C	4 - B	4 - E	4 - I	4 - E	4 - D	4 - G	4 - H
5 - E	5 - E	5 - I	5 - J	5 - B	5 - A	5 - H	5 - C	5 - B	5 - F
6 - C	6 - J	6 - A	6 - A	6 - A	6 - J	6 - A	6 - H	6 - D	6 - D
7 - H	7 - F	7 - F	7 - I	7 - D	7 - H	7 - C	7 - J	7 - E	7 - C
8 - A	8 - G	8 - J	8 - C	8 - H	8 - C	8 - I	8 - I	8 - I	8 - A
9 - I	9 - B	9 - H	9 - E		9 - B	9 - G	9 - A	9 - C	9 - G
	10 - A	10 - G	10 - G		10 - D	10 - D	10 - E	10 - H	10 - B

50-51	52-53	54-55	56-57	58-59	60-61	62-63	64-65	66-67	68-69
a	Sent.	i	Sent.	i	Sent.	i, o	Sent.	e	Sent.
1 - A	1 - F	1 - H	1 - G	1 - H	1 - C	1 - B	1 - D	1 - E	1 - E
2 - G	2 - J	2 - C	2 - I	2 - A	2 - J	2 - F	2 - F	2 - G	2 - B
3 - B	3 - C	3 - J	3 - J	3 - C	3 - H	3 - D	3 - B	3 - F	3 - F
4 - H	4 - H	4 - B	4 - B	4 - F	4 - D	4 - A	4 - H	4 - A	4 - I
5 - J	5 - A	5 - I	5 - C	5 - J	5 - G	5 - E	5 - G	5 - C	5 - J
6 - C	6 - D	6 - D	6 - D	6 - B	6 - A	6 - J	6 - E	6 - I	6 - C
7 - I	7 - B	7 - F	7 - F	7 - I	7 - I	7 - I	7 - I	7 - B	7 - A
8 - F	8 - I	8 - A	8 - E	8 - D	8 - E	8 - H	8 - J	8 - H	8 - H
9 - E	9 - E	9 - E	9 - H	9 - E	9 - F	9 - G	9 - C	9 - D	9 - G
10 - D	10 - G	10 - G	10 - A	10 - G	10 - B	10 - C	10 - A	10 - J	10 - D

70-71	72-73	74-75	76-77	80-81	82-83	86-87	88-89		
a	Sent.	a	Sent.	u	Sent.	a, e, i, u	Sent.		
1 - F	1 - F	1 - C	1 - C	1 - E	1 - D	1 - F	1 - E		
2 - B	2 - I	2 - B	2 - D	2 - J	2 - B	2 - A	2 - J		
3 - G	3 - C	3 - D	3 - I	3 - C	3 - F	3 - J	3 - F		
4 - A	4 - A	4 - G	4 - G	4 - G	4 - A	4 - G	4 - H		
5 - D	5 - G	5 - I	5 - B	5 - A	5 - E	5 - C	5 - A		
6 - J	6 - E	6 - J	6 - E	6 - D	6 - H	6 - I	6 - I		
7 - H	7 - J	7 - A	7 - F	7 - I	7 - J	7 - E	7 - B		
8 - E	8 - B	8 - F	8 - J	8 - B	8 - G	8 - B	8 - C		
9 - I	9 - D	9 - H	9 - A	9 - F	9 - I	9 - D	9 - D		
10 - C	10 - H	10 - E	10 - H	10 - H	10 - C	10 - H	10 - G		

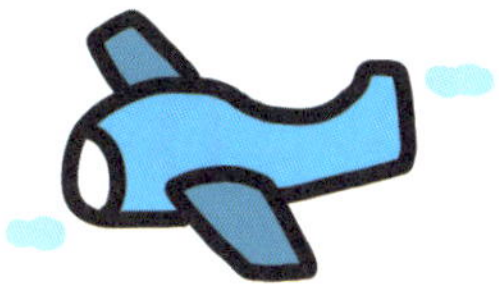

You can do it!

Don't give up!

Keep Going!

READ

You're Getting it!

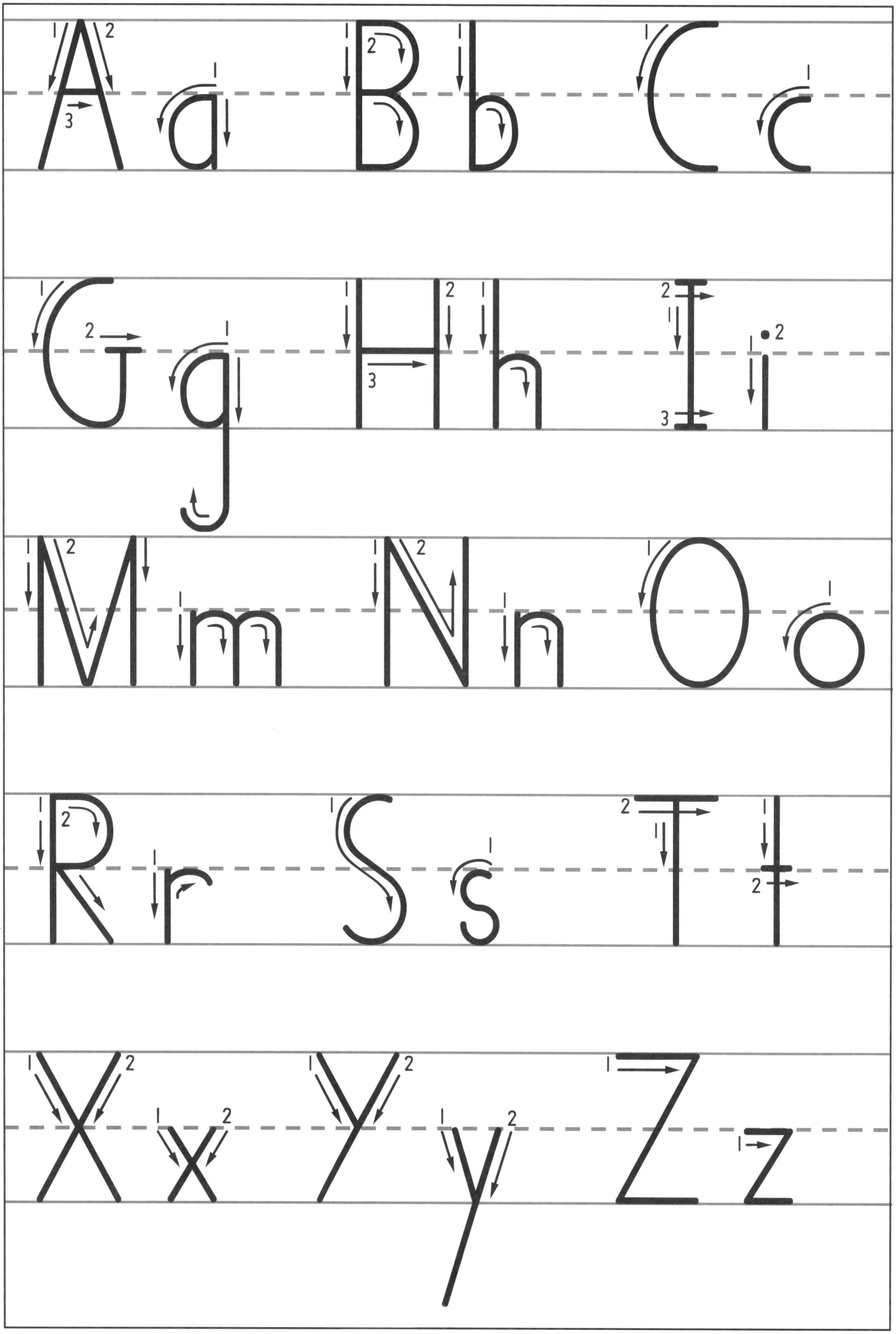
Aa Bb Cc
Gg Hh Ii
Mm Nn Oo
Rr Ss Tt
Xx Yy Zz

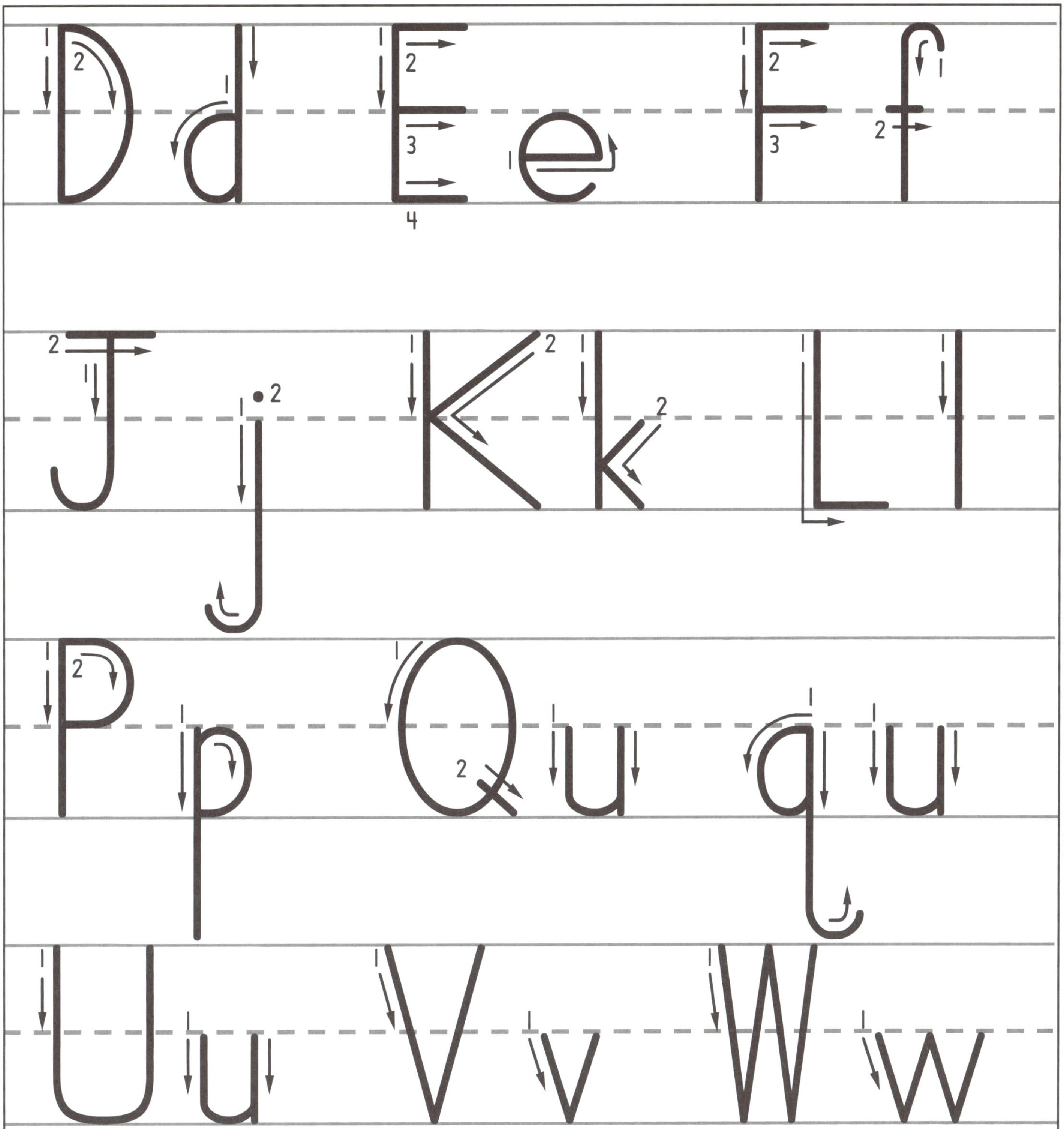

Dd Ee Ff
Jj Kk Ll
Pp Qu qu
Uu Vv Ww

글자를 각 각 어떻게 쓰는지 화살표로 표시했어요. 그리고 영어노트 공책에 알파벳 쓰는 연습을 해봐요.

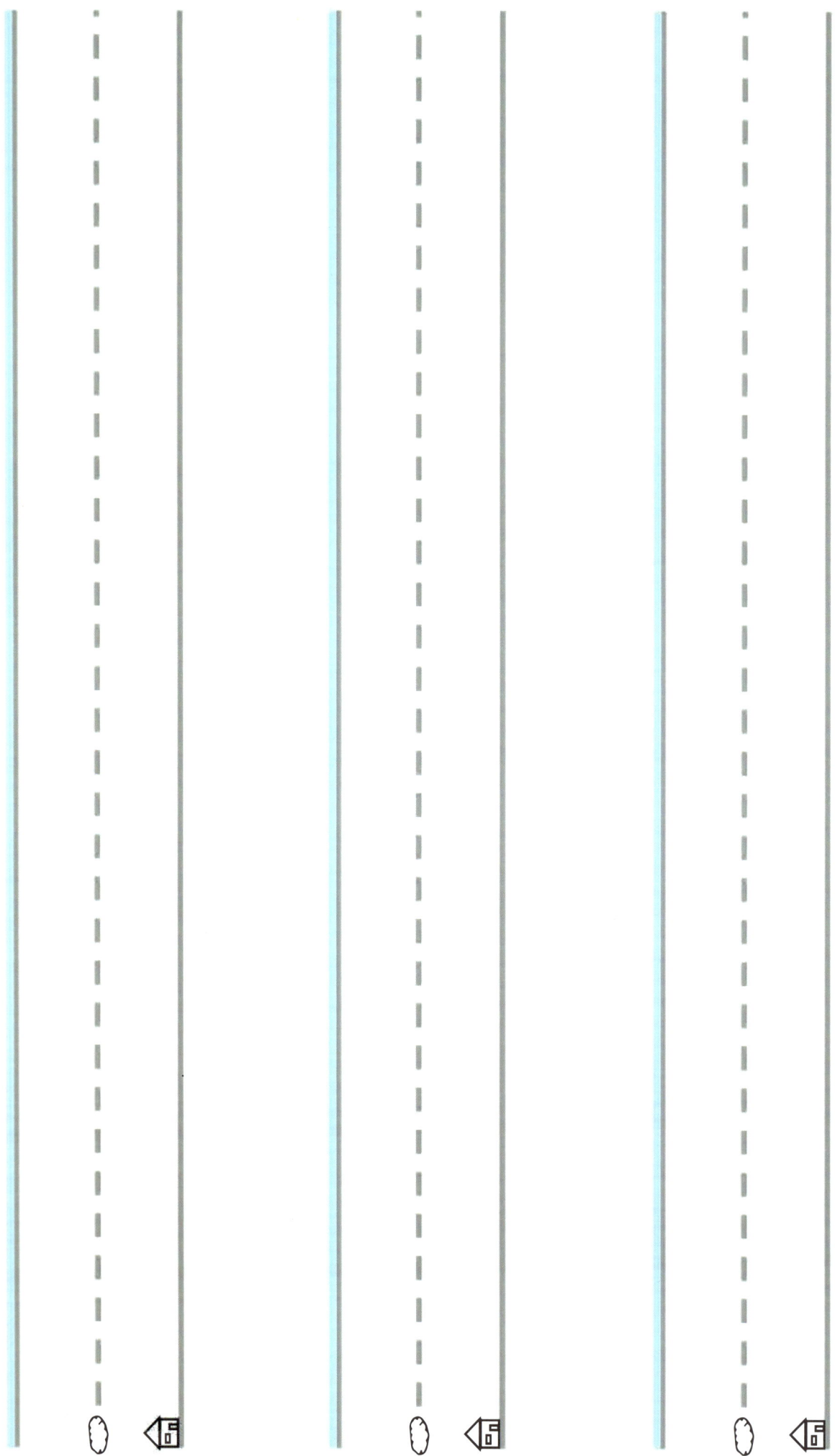

도란도란북스

1판 1쇄 인쇄 | 2022.06.10
1판 1쇄 인쇄 | 2022.06.20

원작자 | Kathryn J. Davis
편찬자 | 조 국
번　역 | 조 국
펴낸이 | 조 국
펴낸곳 | 도란도란북스

표지 디자인 | 송소영
글 · 그림 | Kathryn J. Davis

팩스 | 050-4229-3236
이메일 | support@dorandoranbooks.co.kr
출판등록 | 2021년 08월 02일 제2021-000034호